AI와 부모 돌봄

AI문고

인공지능 시대입니다. 기계가 인간의 인지를 대신하고, 사물이 인간을 통하지 않고 다른 사물과 직접 커뮤니케이션합니다. 이에 따른 인간 삶과 문명 변화를 정확히 이해 · 예측 · 대응하는 것은 이 시대 우리 모두의 과제입니다. AI문고는 인공지능 기술과 환경의 여러 주제를 10가지 키워드로 정리합니다. 관련 개념과 이론, 학계와 산업계의 쟁점, 우리 일상의 변화를 다룹니다. 인간과 기술의 현재, 미래를 세심히 분석합니다.

일러두기

- 인명, 작품명, 저서명, 개념어 등은 한글과 함께 괄호 안에 해당 국가의 원어를 병기했습니다.
- 외래어 표기는 현행 어문규정의 외래어표기법을 따랐습니다.

처음이세요?

전문가세요?

AI와 부모 돌봄

권효순

대한민국, 서울, 커뮤니케이션북스, 2025

AI와 부모 돌봄

지은이 권효순
펴낸이 박영률

초판 1쇄 펴낸날 2025년 12월 5일

커뮤니케이션북스(주)
출판 등록 2007년 8월 17일 제313-2007-000166호
02880 서울시 성북구 성북로 5-11
전화(02) 7474 001, 팩스(02) 736 5047
commbooks@commbooks.com
www.commbooks.com

ISBN 979-11-430-1535-8 03500

책값은 뒤표지에 표시되어 있습니다.

차례

양구체의 효, 양지의 효와 AI

물질적으로 봉양하는 양구체(養口體)의 효, 정신적으로 봉양하는 양지(養志)의 효, 예로부터 효에는 양구체의 효, 양지의 효, 두 가지의 가치가 있다. 동아시아 전통에서 효는 부모의 신체적 필요를 물질적으로 지원하는 것과 심리적 안녕을 정서적으로 지원하는 것을 모두 포괄하는 것으로 여겨진다. 유교의 양구체(養口體, 입과 몸을 보양한다)는 부모의 일상적인 물질적 필요를 충족시키는 것을 의미하며, 양지(養志, 의지나 정신을 보양한다)는 부모의 마음을 위로하고, 존엄을 존중하며, 부모가 행복하게 살 수 있도록 돕는 것을 의미한다(Fan, 2002).

과거에는 자녀가 부모 곁에 머물며 직접적으로 돌봄을 제공함으로써 이러한 효의 가치를 실현하는 것이 자연스러웠다. 하지만 급변하는 현대 사회는 고령화의 심화, 핵가족화, 원거리 거주 등으로 인해 이러한 전통적인 돌봄 방식에 많은 변화를 요구하고 있다. 과연 우리는 이 시대에 어떻게 효를 실천하고 부모의 안녕을 보듬을 수 있을까? 그리고 AI 시대에 이 두 가지 형태의 효에 대해 AI를 어떻게 활용해야 할까? 등의 질문을 가지고 AI가 부모(특히, 노쇠를 걱정해야 하는 노부모)의 개인적인 특성과 필요를 정확히 파악하여 맞춤형 효도 서비스를 제공하는 방안을 모색하고 AI가 물질적 지원과 정신적 교감을 균형 있게 제공하기 위해 어떤 기능을 갖추어야 하는지 다양한 관점에서 분석한다.

강은나(2024)에 의하면 부분 도움 또는 완전 도움이 필요한 신체 기능 저하 노인 중 47.2%가 돌봄을 받고 있으며, 이 중 81.4%는 동거 가족이나 비동거 가족으로부터 돌봄을 받는 것으로 나타났다. 비록 전반적으로 연령대가 높아질수록 동거 가족에 의한 돌봄은 감소하고, 비동거 가족과 장기요양 서비스나 노인맞춤 돌봄 서비스와 같은 공적 돌봄 서비스에 의한 돌봄이 증가하는 경향을 보이고 있다고 하나 자녀 등 효를 기반으로 하는 가족 돌봄이 주를 이루고 있다. 특히 의료, 요양, 돌봄 통합 지원 관련 선도, 시범, 본 사업이 단계적으로 진행되는 현 시점에서 부모에 대한 효 실현이 다양한 형태로 나타날 수 있다. AI 기술의 활용으로 공적 돌봄 서비스에 앞서 또는 병행하여 양구체, 양지의 효 실천에 어떻게 도움을 받을 수 있는지도 알아보고자 한다.

양구체의 효와 AI의 역할: 물질적 돌봄의 지평 확장

양구체의 효는 부모의 의식주를 책임지고 건강을 돌보는 물질적인 지원을 의미한다. 과거에는 자녀가 식사를 준비하고 병간호를 하며 생활을 지원하는 방식이었지만, AI 시대에는 그 방식이 더욱 정교하고 맞춤형으로 진화할 수 있다. 특히 에이전틱(Agentic) AI와 피지컬(Physical) AI의 발전은 이 영역에서 혁신적인 가능성을 열어 주고 있다.

에이전틱 AI는 주어진 임무 달성을 위해 스스로 목표를 설정하고 계획을 수립하며, 환경과 상호작용하여 주어진 임무를 수행하는 자율성을 가진 AI 시스템을 의미한다. 이 AI는 부모의 건강 및 영양 관리에서 중요한 물질적 효의 조력자가 될 수 있다. 예를 들어, 부모의 건강 기록, 식단 선호도, 알레르기 정보 등을 학습하여 개인 맞춤형 식단을 제안하고 영양 불균형을 분석하여 필요한 영양소를 보충하도록 안내할 수 있다. 특정 건강 목표(예: 혈당 조절, 체중 관리)에 맞춰 식재료 구매 목록을 자동으로 생성하거나 식단 조리법을 단계별로 안내하며 건강한 식습관을 형성하는 데 기여할 수 있다. 또한 약 복용 시간을 놓치지 않도록 정교한 알림을 제공하고(김한별 외, 2022), 운동 계획을 수립하여 부모의 신체 활동을 독려하며 그 성과를 기록하고 분석하는 에이전트 역할을 수행할 수 있다(김두리 외, 2024). 이는 돌봄 제공자가 실시간으로 부모의 식단과 영양 섭취 현황을 원격으로 모니터링하고 필요시 개입할 수 있도록 함으로써, 물리적 거리에 상관없이 세심한 양구체의 효를 실천하는 데 도움을 줄 수 있다. 관련 솔루션으로 미국의 최초 AI 노인 건강관리 서비스인 케어엔젤(Care Angel) 서비스(2016년부터 가상 간병인이 대화를 통해 건강 상태와 약 복용 여부를 파악하고 건강 위험도 등을 의료진, 가족에게 전달하는 서비스. 김한별 외, 2022), 미국의 카탈리아 헬스(Catalia Health)의 마부(Mabu) 로봇(환자와 대화를 통해 약물 복용 시점을 상기시키고 질병 관리에 필요한 정보를 알려주며 의료진에 데이터를 송부하는 에이전틱 기능 수행), 에이아이큐어(AiCure)의 환자의 복용 순응도 관리 솔루션(처방받은 약의 복용 시간을 알려주고 카메라를 이용해 환자가 약을 복용하는 모습을 촬영하여 복용 약의 정확성 등을 의료진에 보고하는 스마트폰 앱 서비스), 국내 경기도 지역협력연구센터의 보미(인지 게임, 응급 상황 알림, 약 복용 알림 기능이 가능한 자율주행 이동형 로봇), SKT, KT, LG텔레콤 등 이동통

신사의 돌봄 서비스 등이 있다(한상열, 2019; 김두리 외, 2024; 김한별 외, 2022).

피지컬 AI는 로봇 공학과 결합하여 실제 물리적 세계에서 행동하고 조작하는 AI 시스템을 말한다. 이는 양구체의 효를 직접적인 방식으로 구현하는 데 핵심적인 역할을 한다. 예를 들어, 부모의 신체 기능 유지 및 증진을 위해 설계된 운동 보조 로봇은 정확한 자세 교정과 반복 운동을 유도하여 관절 기능을 강화하고 근력 약화를 늦추는 데 기여할 수 있다. 또한 큐라코의 케어비데(정희석, 2024), 하이제라네트웍스의 스마트 기저귀 시스템 및 자동 배뇨 처리 로봇(정민아, 2025) 등 배설 보조 로봇이나 거동이 불편한 부모를 위한 식사 보조 로봇 등은 AI 기능과 결합하여 개인의 위생과 편안함을 유지하는 데 실질적인 도움을 제공할 수 있다. 이러한 피지컬 AI는 단순히 부모의 활동을 보조하거나 대신해 주는 것을 넘어, 돌봄 제공자가 직접 할 수 없는 물리적 보조와 지원을 제공함으로써 돌봄의 부담을 줄이고 효율성을 높이는 중요한 수단이 되는 것이다.

양지의 효와 AI의 역할: 정신적 교감과 정서적 지지

양지의 효는 부모의 마음을 헤아리고, 기쁨과 만족감을

주며, 정신적으로 평안함을 느끼게 하는 돌봄을 의미한다. 이는 물질적 돌봄만큼이나 중요하지만, 정서적인 영역이기에 더욱 섬세한 접근이 필요하다. AI는 이 영역에서도 기여를 할 수 있다. 에이전틱 AI는 부모의 인지 활동을 촉진하고 외로움을 경감하는 데 큰 도움을 줄 수 있다. 부모의 취미, 관심사, 과거 경험 등을 학습하여 맞춤형 대화를 이끌어가는 AI 챗봇은 말벗이 되어 정신적 안정감을 제공할 수 있다. 예를 들어, 부모가 즐겨 듣는 음악을 추천하고, 좋아하는 TV 프로그램 시간을 알려주며, 간단한 인지 훈련 게임을 제안하여 뇌 활동을 자극할 수 있다. 정보 홍수의 시대에 필요한 정보를 선별하고 쉽게 이해할 수 있는 형태로 제공함으로써 부모가 사회와 단절되지 않고 능동적인 인지 활동을 유지하도록 지원한다. 나아가 에이전틱 AI는 가족 구성원 간의 소통을 촉진하는 매개체가 될 수 있다. 부모의 일상적인 안부를 자녀에게 공유하거나, 가족 사진 및 영상 통화를 쉽게 연결하는 기능을 제공함으로써 물리적으로 떨어져 있어도 정서적 유대감을 유지할 수 있도록 돕는다. 또한 부모의 특별한 추억이나 이야기를 기록하고 디지털화하여 후대에게 전달하는 작업을 지원함으로써 부모의 삶이 존중받고 기억될 수 있도록 할 수 있다.

피지컬 AI 역시 양지의 효에 기여할 수 있다. 반려동물 형태의 정서 지원 로봇은 촉각과 시각적인 상호작용을 통해 부모의 외로움을 덜어주고 심리적 안정감을 제공할 수 있다(한상열, 2019). 사람의 표정과 음성을 인식하고 반응하는 휴머노이드 로봇은 부모와 자연스러운 대화를 나누며 감성적인 교류를 가능하게 한다. 이러한 로봇들은 단순한 대화를 넘어, 부모의 감정 변화를 감지하고 그에 맞는 위로나 격려의 메시지를 전달하여 정서적 지지대 역할을 수행한다. 예를 들어, 우울감을 보이거나 스트레스를 받는 상황에서 편안한 음악을 틀어주거나 명상을 유도하는 등 부모의 심리 상태에 맞춰 상호작용할 수 있다. 그리고 피지컬 AI는 사회 참여 활동에 직접적인 동반자가 되어 부모가 고립되지 않고 활발하게 사회적 관계를 맺도록 돕는다. 이는 돌봄 제공자 또한 부모의 정서적 상태를 간접적으로 파악하고, AI의 도움을 받아 부모와의 심리적 교감을 더욱 풍부하게 만드는 데 활용될 수 있다. AI 돌봄 로봇의 대표적 사례로는 소프트뱅크(Softbank)의 페퍼(Pepper), 후지소프트(Fujisoft)의 팔로(Palro), 국내의 ㈜스튜디오 크로스컬쳐의 효돌, 원더풀 플랫폼의 다솜이, 한국과학기술연구원(KIST)에서 개발한 마이봄(MyBom) 등이 있다(한상열, 2019).

AI 기술과 전통적 효 가치관의 조화: 윤리적 숙고와 미래 지향

그리고 AI 기술의 발전이 전통적인 효의 가치관과 어떻게 조화될 수 있을지, AI 기술을 활용한 효도 서비스가 발생시킬 수 있는 윤리적 문제점과 해결 방안에 대해 고민하며 미래 사회에서 AI가 부모를 위한 효도의 새로운 패러다임을 어떻게 만들어갈 수 있을지 전망해 보고자 한다.

AI 기술의 발전은 전통적인 효의 가치관과 충돌할 수도 있다는 우려를 낳기도 한다. 기계에 의한 돌봄이 인간적인 온정을 대체하고, 과도한 개인정보 수집이 사생활 침해로 이어질 수 있다는 윤리적 문제점은 반드시 해결되어야 할 과제다. 이를 해결하기 위해서는 다음과 같은 노력이 필요하다.

첫째, 편견과 건강 형평성에 대한 우려를 잠재워야 한다. AI 모델은 학습된 데이터에 따라 그 품질이 결정되며, 역사적으로 노인(특히 80세 이상)은 임상 데이터 세트에서 과소 수집되거나 편향(예: 요양원 이용 노인 중심 등)되어 수집될 수 있으며 이는 노인의 경우 AI 예측 성능이 저하되거나 위험을 잘못 식별할 수 있게 한다(Shiwani et al., 2023). 또한 AI 돌봄에 대한 공평한 접근성을 보장하는 것이다. 이러한 첨단 기술은 고가의 AI 로봇이나 구독료를 감당할 수 있는 사람들만 이용할 수 있어 돌봄 격차가 심화될 위험이 있다. 이에 대응하기 위해 서비스 정책, 공적 급여, 보험 등을 통해 AI 돌봄을 복지 서비스로 지원할 수 있다. 예를 들어, 노인장기요양보험 등을 통해 인지 장애 위험이 있는 노인을 위해 인지 돌봄 AI 로봇이나 앱 비용을 보조할 수 있다. 또한 보급 사업 등으로 지원받은 돌봄 기기를 갖춘 지역 복지관이나 공공 도서관은 노인들이 집에서 AI 인지 훈련을 받지 못하는 경우 이용할 수 있는 장소로 활용될 수 있다. 이러한 유익한 기술을 예방 접종이나 영양 프로그램처럼 모든 사회 경제적 집단이 이용할 수 있는 새로운 공중 보건 도구로 만드는 것이 필요하다.

둘째, 투명성과 개인정보 보호다. 개인정보 보호와 동의가 무엇보다 중요하다. 돌봄 시스템은 종종 집, 건강 지표, 대화 내용, 일상 활동 등을 지속적으로 모니터링하며 피드백을 제공하는 기능을 가지고 있는데 이는 노인의 사생활 및 자율권과 충돌할 수 있다(Shiwani et al., 2023). AI가 수집하는 부모의 데이터는 명확한 동의하에 이루어져야 하며, 데이터의 사용 목적과 범위는 투명하게 공개되어야 한다.

셋째, 인간적 접촉의 상실은 자주 언급되는 윤리적 문제다(Sharkey & Sharkey, 2012). AI와 로봇에 대한 과도한 의존은 인간 간 돌봄 상호작용을 감소시킬 수 있으며, 이는 정서적 지원이라는 효도의 의무와 상충되는 결과다. 로봇이 돌봄 업무를 맡게 될 경우 '인간 접촉의 잠재적 감소'가 주요 윤리적 문제로 지적되고 있다(Sharkey & Sharkey, 2012). 인간의 따뜻함과 공감은 아직 기계가 재현할 수 없다. 따라서 가족과 돌봄 제공자는 AI가 인간과의 접촉을 대체하는 것이 아니라 증강하는 데 사용되도록 해야 한다.

넷째, 기만과 유아화 문제도 해결해야 할 과제다. 예를 들어, 반려 로봇을 마치 살아있는 것처럼 묘사하는 것은 노인을 속이는 것으로 간주될 수 있으며, 지나치게 단순하고 아이 같은 로봇은 성인의 존엄성을 훼손할 수 있다. 개발자는 AI 에이전트가 노인과 상호작용하는 방식에서 정직성과 존중을 추구해야 한다. AI가 요청을 거부하는 경우(예: 안전을 위해 스토브 잠금), 노인은 자의적으로 통제받는다고 느끼기보다는 안전을 위한 기능 구현에 대해 이해할 수 있도록 AI가 노인의 요청을 거부한 이유를 설명할 수 있어야 한다(잠재적인 '개인 자유 상실' 문제).

다섯째, 기술의 보조적 역할 수행이다. AI는 인간의 돌봄을 완전히 대체하는 것이 아니라, 인간이 제공하기 어려운 부분을 보완하고 지원하는 도구여야 함을 명확히 해야 한다. 물질적 지원은 AI가 효율적으로 수행하더라도, 양지의 효에서 가장 중요한 '진심 어린 마음'은 결국 사람만이 줄 수 있는 가치임을 잊어서는 안 된다. 예를 들어, 에이전틱 AI 또한 대행(Agent)하는 임무의 목표 설정부터 목표 수행까지 부모 또는 돌봄 제공자의 의사에 따라 결정됨으로써 AI는 보조적 역할을 수행하는 것이다. 윤리학자들은 노인의 자율성 보존이라는 개념을 강조한다. 기술은 최소한의 제한적인 방식으로 사용되어야 한다는 것이다. 이는 의존성을 조장하듯 모든 것을 대신하는 것보다, 안전하게 스스로 할 수 있는 한 최대한 많은 것을 할 수 있도록 장려하고 지원하는 AI를 설계하는 것을 의미할 수 있다(따라서 주체성을 유지할 수 있다).

여섯째, 사용자 중심의 설계와 접근성이다. 고령층이 AI 돌봄 서비스를 쉽고 편안하게 사용할 수 있도록 직관적인 인터페이스와 음성 인식 기능 등을 강화해야 한다. 또한 AI에 대한 국민 인식 조사를 고려할 때 고령층 뿐 아니라 준고령층에서부터 AI 등 디지털 기술 활용 교육도 필요하다(김홍수, 2021).

마지막으로, 책임과 오류에 대한 문제가 있다. AI 시스템이 실패할 경우(예: 낙상을 예측하지 못하거나, 반대로 잘못된 경보를 발령하여 고통을 유발하는 경우), 누가 책임을 져야 할까? 책임을 관리하기 위해서는 명확한 지침과 규제 감독이 필요하다. AI 기술의 발전 속도에 맞춰 법적, 제도적 장치를 마련하고, 기술 개발자와 사용자와 함께 윤리학자 등 다양한 분야의 전문가들이 지속적으로 윤리적 문제를 논의하고 합의를 이루어 나가야 한다.

미래 사회에서 AI는 부모를 위한 효도의 새로운 패러다임을 만들어 갈 것이다. 단순히 돌봄의 효율성을 높이는 것을 넘어, 부모가 존엄성을 유지하며 독립적인 삶을 영위하도록 돕고, 자녀들이 죄책감 없이 자신의 삶을 살면서도 부모에게 효를 다할 수 있는 균형을 찾아줄 것이다. AI는 고립된 개인에게는 연결을, 외로운 마음에는 위로를, 육체적 어려움에는 해결책을 제시하며, 궁극적으로는 가족 간의 사랑과 유대감을 더욱 깊게 하는 촉매제 역할을 할 수 있을 것이다.

이 책은 AI와 부모 돌봄이라는 주제에 대한 심도 있는 연구와 실질적인 사례를 제공함으로써, 돌봄 전문가들에게는 연구 동향과 정책적 시사점을, 그리고 부모를 모시는 모든 자녀에게는 AI 기술을 활용하여 더 나은 효를 실천할 수 있는 지혜와 용기를 주는 선물이 될 것이다. 새로운 효의 시대를 열어가는 여정에 이 책이 의미 있는 나침반이 되기를 기대한다.

참고문헌

강은나(2024). "노인의 건강과 돌봄". 《보건복지포럼》, 337, 38~51쪽.

김두리 외(2024). "네트워크 텍스트 분석을 활용한 국내 노인 관련 인공지능 연구동향 분석". 《한국산학기술학회논문지》, 25(2), 684~690쪽.

김한별 외(2022). "IT 기술을 활용한 노인돌봄서비스 사례 및 개발 동향". 《한국정보통신학회 종합학술대회 논문집》, 26(2), 496~498쪽.

김홍수(2021). "인공지능과 고령사회: 한국인의 인식과 미래 전망". 《서울대 건강·돌봄 AI 연구센터 심포지엄》.

윤현민(2022.6.9). "최신 재활·복지용품 120여 종 집결". 소셜포커스. https://www.socialfocus.co.kr/news/articleView.html?idxno=13475

정민아(2025.7.9). "하이제라, '일본 IMHS 2025' 참가해 배뇨 데이터 기반 스마트 헬스케어 솔루션 첫 공개". BIOTIMES. https://www.biotimes.co.kr/news/articleView.html?idxno=22509

정지범(2024). "고령자 안전사고 추이와 실태". 《한국의 사회동향 2023》, 311~318쪽.

정희석(2024.12.26). "범부처사업단 '큐라코 케어비데' 시립요양원 확대 보급". 라포르시안.
https://www.rapportian.com/news/articleView.html?idxno=215805

한상열(2019). "고령화에 대응한 인공지능 활용 동향: 돌봄 서비스를 중심으로". 《월간SW중심사회》, 2019(12), 10~17쪽.
https://spri.kr/posts/view/22845?code=data_all&study_type=industry_trend

Fan, R.(2002). *Confucian Bioethics*. In Philosophy and Medicine, 61. Kluwer Academic Publisher.

Sharkey, A. & Sharkey, N.(2012). Granny and the robots: Ethical issues in robot care for the elderly. *Ethics and Information Technology, 14*(1), pp.27~40.

Shiwani, T. et al.(2023). New horizons in artificial intelligence in the healthcare of older people. *Age and Ageing, 52*(12).

01
AI와 영양 관리

영양(건강) 관리는 건강한 노화의 초석으로, 신체 활력, 인지 기능, 질병 예방 및 전반적인 웰빙에 직접적인 영향을 미친다. 특히, 부모가 충분한 영양, 균형 잡힌 식단, 그리고 건강에 도움이 되는 안전한 음식을 섭취하도록 보장하는 것은 양구체(養口體) 효도의 실천에서 첫걸음이다. AI가 유전체, 실시간 바이오센서 데이터 등 다양한 데이터를 통합, 분석하여 맞춤 정밀 영양 돌봄을 지원할 수 있을 것이다.

기후 위기와 인공지능?

영양(건강) 관리의 개요와 필요성

노인 돌봄, 건강 노화의 여러 측면 중에서도 영양 관리는 기본이 될 것이다. 적절한 영양은 신체 건강을 지원할 뿐만 아니라 인지 기능, 정서적 웰빙, 그리고 질병 저항력을 유지하는 기본 요소다.

즉, 영양은 건강한 노화의 초석으로, 신체 활력, 인지 기능, 질병 예방 및 전반적인 웰빙에 직접적인 영향을 미친다. 그러나 많은 노인들은 식욕 감퇴, 신체적 제약, 사회적 고립, 또는 인지 기능 장애로 인해 영양실조 등에 시달리고 있다(Morley, 2012). 특히, 노인의 거의 3분의 2가 나이가 들면서 건강 상태 변화, 식욕 감소, 약물 부작용, 그리고 사회적 고립으로 인해 영양이 부족한 식습관을 보인다(Centrim Life, 2025). 우리나라도 질병관리청(2024)의 국민건강영양조사에 의하면 2014년에 비해 2023년에 60세 이상 국민의 비만, 고혈압, 고콜레스테롤혈증, 신체 활동 비실천율, 지방 에너지 섭취가 증가하였고 강은나(2024)에 의하면 우리나라 노인의 경우 평균 2.2개의 만성 질환을 가지고 있는 등의 통계 자료로 보아 60세 이상 부모의 영양 지원 및 건강관리가 필요함을 알 수 있다. 예를 들어, 양수현 등(2021)의 연구에 의하면 65세 이상 노인의 노쇠에 따른 영양소와 식품 섭취의 차이를 분석한 결과, 남성에게서 과일류 섭취가 증가할수록 노쇠 위험도가 감소하고 여성에게서는 어패류 섭취가 많은 경우 낮은 노쇠 위험률과 연관성을 보였다고 한다. 즉, 과일은 항산화 영양소인 비타민 A, C, E와 식이섬유, 무기질이 풍부한 식품으로 산화적 스트레스와 양의 상관관계를 보이는 노쇠의 위험을 낮출 수 있는 것으로 알려져 있고 어패류는 단백질, 오메가-3 불포화 지방산, 칼슘과 비타민 D가 풍부하여 노쇠 발생을 감소시키며 골 손실을 줄여줄 수 있다고 알려져 있는데 남성과, 여성의 영양 섭취가 달라 노쇠 위험도 감소에 필요로 하는 식습관이 남녀가 다름을 알 수 있다(양수현 등, 2021).

효도, 특히 물질적으로 지원하는 양구체(養口體)의 개념은 성인 자녀와 보호자가 부모의 신체적 필요를 충족시킬 책임을 강조하고 있으며, 여기서 영양은 매우 중요한 측면이다.

수기 식단 계획, 식단 일지, 정기적인 건강 검진과 같은 기존의 영양 관리 방식은 노동 집약적이고 주관적이며, 고령자의 역동적인 요구에 충분히 대응하지 못하는 경우가 많을 것이다. 특히, 가족 규모가 줄어들고 지리적 거리가 멀어짐에 따라 성인 자녀가 부모의 건강을 직접 관리하는 것은 점점 더 어려워지고 있다.

노부모의 건강 및 영양 관리에 AI를 통합함으로써 가족과 전문가들은 직접적인 돌봄이 불가능한 경우에도 양구체의 가치를 유지할 수 있을 것이다.

AI를 활용한 건강(영양) 관리 연구 동향과 국내·외 적용 사례

최근 몇 년 동안 영양 과학 및 노인 돌봄 분야에 인공지능(AI)과 데이터 분석이 적용되고 있다. AI 기술은 다음과 같은 몇 가지 주요 솔루션을 통해 영양 관리 환경을 혁신적으로 제공할 수 있다.

맞춤형 영양 및 식사 계획: AI 기반 도구는 병력, 바이오마커 데이터, 식단 선호도, 심지어 유전 정보까지 다양한 건강 지표를 분석하여 부모를 위한 맞춤형 식사 계획을 생성할 수 있다(Centrim Life, 2025; Kassem et al., 2025). 이러한 시스템은 혈당 모니터, 심박수 추적기, 신체 활동 센서와 같은 웨어러블 기기의 실시간 데이터를 기반으로 현재 건강 요구 사항에 부합하도록 식단 계획을 조정할 수 있게 한다(Centrim Life, 2025). 예를 들어, 풀무원(https://dm.pulmuone.com/healthcare/)의 디자인밀 서비스는 개인 영양 상태를 진단하고 AI 추천 알고리즘을 통해 개인 맞춤형 솔루션을 통합 제공하는 서비스로 식이, 운동, 신체 기록을 모두 관리하는 데 도움을 준다. 영양 진단 알고리즘에 따라 개인화된 목표를 설정하고 개인별 유형을 진단해 칼로리 및 탄수화물, 단백질, 지방 포함 9대 영양소의 섭취 목표를 설정하고, 식생활 관리 타입별로 맞춤형 식이 관리를 할 수 있게 도와준다.

식이 평가 및 모니터링: AI 기반 이미지 인식 및 자연어 처리(NLP) 기술을 사용하여 식이 섭취량 평가를 자동화할 수 있다. 예를 들어, 자녀, 동거인이나 간병인은 식사 전후의 식사를 촬영할 수 있으며, AI 알고리즘은 1회 제공량을 확인하고, 음식 유형을 식별하고, 영양소 섭취량을 높은 정확도로 계산한다(Kassem et al., 2025). AI 기반 이미지 인식 시스템을 통해 사용자는 식사 사진을 촬영하여 영양 성분, 칼로리, 1회 제공량 등을 분석할 수 있다. 바이트스냅(Bitesnap), 칼로리마마(CalorieMama)와 같은 앱은 사용자가 찍은 음식 사진을 분석하여 그에 해당하는 칼로리와 영양 성분을 자동으로 식별하고 제공한다. 이 앱은 머신러닝 알고리즘을 사용하여 음식 사진을 처리하며, 다양한 음식에 대해 빠르고 정확한 칼로리 정보를 제공하는데, 음식 사진을 AI가 자동으로 인식, 칼로리와 영양 성분을 분석하고 하루에 섭취한 식사를 기록하여 총 칼로리와 영양 성분을 확인하며 부족한 영양 성분(단백질, 지방, 탄수화물 등)을 제시하여 더 건강한 식단을 유도한다. 그리고 자연어 처리 기능을 갖춘 AI 기반 챗봇은 사용자와 식습관에 대한 대화를 나눌 수 있다. 이러한 AI 상담원은 영양 관련 문의에 답변하고, 동기 부여 코칭을 제공하며, 부모의 행동 변화 과정을 안내하여 특히 혼자 사는 부모의 서비스 이용률과 참여도를 높일 수 있다.

예측 분석 및 조기 위험 감지: 또한 AI 모델은 식이 행동 및 건강 결과의 패턴을 분석하여 영양실조, 영양 결핍 또는 기타 위험의 조기 징후를 식별할 수 있다. 이를 통해 건강 문제가 발생하기 전에 식사 계획 조정 또는 보충제 권장과 같은 사전 예방적 개입을 가능하게 한다 (Kassem et al., 2025; Naumova, 2025). 스마트워치, 바이오센서와 같은 웨어러블 기기의 확산은 실시간 건강 모니터링을 가능하게 한다. 이러한 기기로부터 생체 신호, 활동 수준, 대사 바이오마커에 대한 지속적인 데이터를 수집한 AI 시스템은 영양 조언을 제공할 수 있다. 예를 들어, 연속 혈당 측정기에서 혈당 수치가 급격히 상승하면 AI는 저혈당 식사 옵션을 제안할 수 있다. 또한 예측 AI 모델은 전자 건강 기록, 웨어러블 기기, 식단 기록의 종단적 데이터를 분석하여 당뇨병과 같은 만성 질환으로 인한 영양실조, 허약, 또는 합병증 위험을 예측할 수 있다. 이러한 통찰력은 사전 예방적 개입을 지원하고 입원을 줄이는 데 도움이 될 것이다. 미국의 라크회사(https://www.lark.com/)는 웨어러블 혈당 모니터와 식사 일지, 대화를 결합하여 섭취한 식사에 대한 피드백, 다음 식사 계획, 맞춤 식재료 쇼핑 목록 제안 등 실시간 식이 조언을 제공하는 AI 기반 플랫폼을 제공하고 있다. 이러한 플랫폼은 특히 제2형 당뇨병, 비만 및 심혈관 질환을 관리하는 부모에게도 유용하다. 유럽연합(EU)의 지원을 받는 프로액트(ProACT: Integrated Technology Systems for ProACTive Patient Centred Care) 프로젝트(2016~2019년)는 여러 만성 질환을 앓고 있는 노인을 위한 통합적인 플랫폼을 개발했다. 이 시스템은 영양, 활동, 약물 복용 및 정신 건강에 대한 데이터를 수집하며, 이 정보를 종합하여 가족, 간병인에게 실행 가능한 방안 등을 제시한다(ProACT Consortium, n.d.).

유전체학과 바이오마커의 통합: 새로운 솔루션은 AI를 활용하여 유전자마커와 바이오마커 데이터를 해석하고, 개인 유전자(DNA) 기반 맞춤 식단 및 바이오마커 기반 맞춤형 식사를 할 수 있게 한다. AI는 개인의 건강 상태, 유전적 특성, 활동 수준, 심지어 마이크로바이옴(인체 내 각종 미생물) 데이터까지 고려하여 맞춤형 식단 계획을 수립할 수 있도록 지원한다. 예를 들어, 킹스 칼리지 런던의 '식이 구성 시험에 대한 개인화된 반응(PREDICT: Personalised Responses to Dietary Composition Trial)' 연구는 다양한 식품에 대한 개인의 혈당 반응 등을 예측하는 머신러닝 모델을 개발했다. 우리가 먹는 음식, 즉 식단은 평생 동안 당뇨병이나 심장병과 같은 질병의 발병 여부에 영향을 미칠 수 있다. 과학자들은 또한 장내 박테리아(장내 마이크로바이옴)가 신진대사, 체중, 건강에 영향을 미치며, 개인의 식단 및 신진대사와 함께 식욕을 예측하고 식사가 식후 혈중 당(포도당)과 지방(지질) 수치에 미치는 영향을 예측할 수 있다는 것을 발견했다. 이 연구는 개인마다 동일한 식사에 대한 반응이 다르다는 것을 보여 주었으며, 이는 개인 맞춤 영양 섭취의 필요성을 강조한다(Zeevi et al., 2015; https://hra.nhs.uk/).

인지 건강 지원: 영양은 인지 기능, 특히 알츠하이머병과 같은 신경 퇴행성 질환의 맥락에서 중요하다. AI는 식이 패턴, 대사 건강, 스트레스, 인지 기능 저하 간의 복잡한 관계를 분석하여 질병 진행을 늦출 수 있는 식이 중

재 개발을 안내하는 데 사용되고 있다(Meng et al., 2025). 중국, 미국, 유럽의 연구 기관들은 영양이 인지 기능 저하 및 알츠하이머병에 미치는 영향을 연구하기 위해 AI를 활용하고 있다(Meng et al., 2025). AI 모델은 종단적 식이 데이터, 유전자 프로필, 인지 평가를 분석하여 산화 스트레스를 줄이고, 뇌(시냅스) 가소성을 개선하며, 질병 진행을 늦출 수 있는 식이 패턴을 파악한다. 이 분야의 연구는 영양학, 노인 의학, 컴퓨터 과학, 공중 보건 분야의 전문 지식을 바탕으로 매우 다학제적으로 진행되고 있다. 그리고 개인 맞춤형 중재, 예측 분석, 다중 오믹스 데이터 통합에 대한 중요성이 커지고 있다(Meng et al., 2025; Kassem et al., 2025).

미래 전망

부모 돌봄을 위한 건강 및 영양 관리 분야에서 AI의 활용 미래는 몇 가지 방향으로 예상될 수 있다.

AI 모델이 유전체학, 마이크로바이옴 프로파일, 실시간 바이오센서 데이터 등 더욱 다양한 데이터를 통합, 분석할 수 있게 됨에 따라, 영양 권장 사항은 개인의 필요에 맞춰 점점 더 맞춤화되어 건강한 노화를 위한 정밀 영양을 지원할 수 있다. AI 시스템은 식이 평가 및 식사 계획에서 오류를 줄이고 더욱 효과적이고 개인화된 개입을 지원할 수 있다(Centrim Life, 2025; Kassem et al., 2025). 또한 AI가 결합된 주방 가전, 주방 로봇 등을 이용하여 건강 상태에 맞춰 음식을 준비하고, 조리하고, 제공할 수 있게 되면 식품 안전, 적절한 음식 배분, 그리고 식단 프로토콜 준수 여부를 모니터링하고 확보할 수 있을 것이다.

더불어, 음성 및 이미지 기반 AI 인터페이스는 특히 문해력이나 기술 능력이 부족한 부모와 의료 교육이 부족한 가족, 돌봄 제공자에게 전문적인 영양 관리에 대한 접근성을 개선시킬 것이다(Centrim Life, 2025; Kassem et al., 2025).

참고문헌

강은나(2024). "노인의 건강과 돌봄". 《보건복지포럼》, 337, 38~51쪽.

라기태(2016). "글로벌 고령화". 《글로벌사회정책브리프》, 36, 1~6쪽.

양수현 외(2021). "한국 노인의 식사 섭취와 노쇠와의 연관성 연구: 2018년 국민건강영양조사 자료를 이용하여". 《Journal of Nutrition and Health》, 54(5), 631~643쪽.

질병관리청(2024.12.3). "국민건강영양조사 2023년 결과 발표". 질병관리청 보도자료.

Centrim Life(2025). Top dietary trends for seniors in 2025: Staying healthy with age. https://centrimlife.com.au/blog/top-dietary-trends-for-seniors-in-2025-staying-healthy-with-age/

Global Newswire(2025). AI-Powered Solutions for Elderly Care Market Set to Surpass US$2 Billion by 2030. https://www.globenewswire.com/news-release/2025/02/14/3026636/28124/en/AI-Powered-Solutions-for-Elderly-Care-Market-Set-to-Surpass-US-2-Billion-by-2030.html

Global Wellness Institute(2025). AI initiative trends for 2025. https://globalwellnessinstitute.org/global-wellness-institute-blog/2025/04/02/ai-initiative-trends-for-2025/

Insight Ace Analytic(2025). AI in aging and elderly care market upcoming trends analysis. https://www.insightaceanalytic.com/report/ai-in-aging-and-elderly-care-market/2696

Kassem, H. et al.(2025). Investigation and Assessment of AI's Role in Nutrition —An Updated Narrative Review of the Evidence. *Nutrients, 17*(1), 190.

Meng, C. et al.(2025). Bibliometric analysis and description of research trends on nutritional management in Alzheimer's disease patients (1988–2024). *Front. Nutr., 12*, 1545951.

Morley, J. E.(2012). Undernutrition in older adults. *Family Practice, 29*(1), pp.i89~i93.

Naumova, E.N.(2025). AI applications for nutrition and food security research: A taxonomy and competencies. *Nutrition Today, 60*(1), pp.20~29.

ProACT Consortium(n.d.). Advancing Proactive Digital

Integrated Care. https://proact2020.eu/

Wong, A. K. C. et al.(2025). Exploring Older Adults' Perspectives and Acceptance of AI-Driven Health Technologies: Qualitative Study. *JMIR Aging, 8*, e66778.

Zeevi, D. et al.(2015). Personalized nutrition by prediction of glycemic responses. *Cell, 163*(5), pp.1079~1094.

02
AI와 예방 돌봄

질병, 사고 등 예방 돌봄은 부모의 건강 수명과 웰빙을 위해 사후 관리보다 선제적 돌봄을 제공하는 노력이다. AI는 건강 및 환경적 위험을 지속적으로 모니터링하고, 이상 반응을 예측 및 예방하며, 부모에게 맞춤형 개입을 제공하여 가족 구성원이 제공하고자 하는 돌봄을 지원할 것이다.

노래하는 AI 보컬?

예방 돌봄의 개요와 필요성

전 세계적으로 인구 고령화가 급속도로 진행됨에 따라 노인 예방 관리가 시급한 과제로 떠올랐다. 65세 이상 노인은 만성 질환과 사고로 인한 부상 위험이 높아져 독립 생활과 삶의 질에 심각한 영향을 미칠 수 있다.

예를 들어, 보건사회연구원의 2023년 조사 결과를 보면, 우리나라 65세 이상 노인들의 86.1%가 만성 질환을 한 개 이상 가지고 있으며 평균 2.2개 정도의 만성 질환을 가지고 있다(강은나, 2024). 미국 노화위원회에 의하면 미국 60세 이상 인구의 약 95%가 최소 한 가지 이상의 만성 질환을 앓고 있으며, 거의 80%가 두 가지 이상의 만성 질환을 앓고 있다고 한다(National Council on aging, 2025). 2018년 미국 메디케어에 가입한 65세 이상 성인이 치료받은 고빈도 질환을 순서대로 보면 고혈압, 고콜레스테롤, 비만, 관절염, 심장병, 당뇨병, 만성 신장 질환, 우울증, 치매 등이다.

동시에 노인들은 낙상과 같은 사고에 취약하다. 미국의 질병관리예방센터에 의하면 매년 노인 4명 중 1명 이상이 낙상을 겪는다(Centers for Disease Control and Prevention, 2024). 그리고 정지범(2024)에 의하면 2022년 한국 노인의 낙상으로 인한 사망률이 인구 10만 명당

20명으로 전체 인구 대비 5.3명에 비해 4배 정도 높으며 약 73%가 주택에서 낙상이 발생하고 있다고 한다. 또한 한국의 65세 이상 노인 10만 명당 교통사고 사망률은 15.1명으로 나타났다. 이는 경제협력개발기구(OECD) 주요 국가 중 콜롬비아에 이어 두 번째로 높고, OECD 평균인 6.8명의 2.2배나 된다. 노인 교통사고 사망자는 전체 인구 교통사고 사망자의 48.6%를 차지했다. 노인 교통사고 사망자 유형을 보면 보행 사고가 44.4%로 가장 많았고 이륜차(15.6%), 승용차(13.9%) 사고 순으로 나타났다.

이러한 사고는 종종 골절, 입원, 심지어 장애, 사망으로 이어져 거동 장애와 높은 의료비를 부담하게 한다. 2020년 전 세계적으로 연간 3730만 건의 심각한 낙상 사고가 발생하여 의료적 처치가 필요하였다(WHO, 2021). 이러한 통계는 노인 지원이 사후 관리에서 예방 전략으로 전환해야 할 필요성을 보여 준다. 예방 의료는 노인, 부모의 건강 수명을 연장할 뿐만 아니라 그들의 웰빙을 존중하는 선제적 돌봄을 제공하는 노력이다. 그러나 가족 구성원 수가 줄어들고 성인이 직장에 다니는 경우가 많아지면서 전통적인 가족 간 돌봄은 어려움을 겪고 있다. 이러한 상황에서 인공지능(AI)과 관련 기술은 성인 자녀와 돌봄 제공자가 포괄적인 예방 돌봄을 제공하는 데 필요한 도구로 활용될 수 있을 것이다.

AI를 활용한 예방 돌봄 연구 동향과 국내·외 적용 사례

최근 몇 년 동안 노인 예방 돌봄을 위한 AI 응용 연구에 대한 연구 추세는 질병/사고 발생 후 치료에서 질병/사고 등으로 인한 문제가 발생되거나 악화되기 전에 예측하고 예방하는 방식으로 의료 패러다임이 전환되고 있음을 보여 준다(Kim et al., 2024).

광범위한 건강 데이터를 활용하고 머신러닝을 기반으로 하는 AI 알고리즘은 이제 질병이나 노쇠의 조기 경고 신호를 표시하는 패턴을 분석하여 시기적절한 개입을 가능하게 한다. 2023년의 한 연구에서는 노인 돌봄에서 AI의 세 가지 우선 분야로 질병 모니터링 및 조기 진단, 위험 계층화, 돌봄 중재 조정을 제안했다(Shiwani et al., 2023). 여기에 질병 뿐 아니라 생활 패턴, 보행 패턴 등의 데이터로부터도 낙상 등 사고 위험 모니터링 및 예측이 가능할 것이다.

만성 질환 예방을 위한 예측 분석: AI는 만성 질환이나 합병증 발생 위험이 있는 노인을 식별하여 예방 조치를 취하는 데 사용되고 있다. 예를 들어, 머신러닝 모델은 전자 건강 기록과 웨어러블 센서 데이터로부터 종종 다양한 요소(생명 징후, 약물 복용, 식단, 활동 수준 등)를 통합하고 분석하여 심장마비, 뇌졸중, 당뇨병 합병증과 같은 질병 발생 위험을 몇 주 또는 몇 달 전에 예측할 수 있다(Shiwani et al., 2023). 이러한 AI 기반 예측 및 의사결정 지원 시스템은 노인의 섬망이나 패혈증과 같은 급성 질환의 조기 징후를 파악하여 예방적 관리를 가능하게 한다(Shiwani et al,, 2023). 이러한 발전은 AI가 어떻게 인구 집단의 위험을 '계층화'하여 질병 진행 및 응급 상황을 예방하기 위해 사전 예방적 관심이 필요한 노인을 식별할 수 있는지 보여 준다. 예방 돌봄의 한 가지 과제는 노인들이 기술을 지속적으로 사용하도록 하는 것이다. 연구에 따르면, 기술이 사용자 친화적이고 상호작용적일 때 노인들은 더 적극적으로 참여한다. 만성 질환 노인 환자에게 일상적인 건강관리 업무를 안내하는 테이블탑 소셜 로봇(Mabu)이 만성 질환이 있는 노인 환자의 약물 복용 준수율과 프로그램 완료율이 간호사 전화 통화보다 더 높았다고 한다(Winn, 2019).이 로봇은 노인과의 대화를 유도하는 알고리즘을 통해 노인과의 소통을 통해 로봇 코치를 더 매력적이고 신뢰할 수 있다고 느끼게 했으며, 이는 더 나은 예방 행동(예: 식단/운동 계획 준수)으로 이어지게 했다. 이처럼 개인의 성향, 환경 등을 고려한 맞춤형 로봇이나 음성 비서는 일반 앱보다 노인들에게 더 큰 참여 동기를 부여할 수 있다.

국내의 주목할 만한 사례는 한국건강증진개발원이 2020년부터 시행한 노인을 위한 AI-IoT 기반 건강관리 서비스다(Kim et al., 2024). 이 공공 주도 프로젝트에서는 수만 명의 노인, 특히 혼자 살거나 이동에 어려움이 있는 노인들에게 AI 기반 건강관리 플랫폼에 연결된 블루투스 지원 건강 기기(혈압 모니터, 혈당 측정기 등)가 제공되었다(INHPF, 2025). 참가한 노인들은 또한 일상적인 상호작용 및 모니터링을 위해 '오늘 건강'이라는 맞춤형 앱을 실행하는 화면이 있는 스마트 스피커(AI 스피커)를 받았다(Kim et al., 2024). 이 시스템은 재택 노인의 활력 징후와 건강 정보를 수집하고, AI를 통해 위험 데이터를 분석하며, 개인 맞춤형 지침(예: 운동 알림, 식단 제안)을 제공하는 동시에 우려되는 추세가 있을 경우 전문가에게 알림을 제공하는 기능이 있다. 참여한 노인들의 건강 지표가 개선되었다고 하는데 예를 들어, 등록된 노인의 평균 혈압은 133/79mmHg에서 약 128/76mmHg로 감소하여 정상 범위로 이동했으며 이러한 개선은 18개월 동안 유지되었다(Kim et al., 2024). 이 서비스에 참여한 당뇨병 노인도 의미 있는 성과를 보였는데, 6개월 이내에 식후 평균 혈당이 약 250mg/dL에서 약 190mg/dL로 떨어졌고 그 이후로도 혈당 조절이 더 잘 유지되었다. 또한 서비스 참여 노인들의 노쇠 점수는 개선되었고(전체 노쇠 지수는 평균 1.4에서 1.0으로 감소), 인지 기능 점수도 서비스 기간 동안 소폭 상승(5점 만점에 4.2점에서 4.5점)했다. 이러한 결과는 AI 지원 예방 돌봄/활동의 효과를 보여 준다. 건강 데이터를 지속적으로 추적하고 맞춤형 피드백과 조기 개입(예: 운동량 증가, 영양 개선, 필요 시 병원 방문 유도)을 제공함으로써, 이 시스템은 건강 악화를 예방하고 측정 가능한 방식으로 건강 상태를 개선하는 데 도움을 주었다(INHPF, 2025).

낙상 감지 및 예방 기술: 웨어러블 가속도계와 스마트워치부터 주변 스마트 홈센서와 컴퓨터 비전 카메라에 이르기까지 AI 알고리즘을 활용한 다양한 낙상 감지 시스템이 등장했다. 최신 AI 낙상 감지기는 낙상 감지 시 최대 98%의 민감도와 99%의 특이도를 보일 정도로 우수한 성능을 보이고 있다(Alharbi et al., 2023). 즉, 여러 센서(예: 바닥의 모션 센서, 깊이 감지 카메라, 웨어러블 자이로스코프)의 데이터를 융합하여 오경보를 최소화하고 낙상 발생 시 신뢰성 있는 감지를 제공한다. 즉, 노인의 보행 패턴, 균형 감각, 그리고 활동 경향을 시간 경과에 따라 분석하여 낙상할 가능성이 높은지 예측하는 것이다. 부모의 움직임을 지속적으로 기록하는 웨어러블 기기의 데이터를 받아 AI 모델이 낙상 전 보행 속도나 흔들림의 미묘한 변화를 평가하여 낙상 가능성을 예측하는 것이다(Shiwani et al,, 2023). 한 연구에서는 AI 기반 도구가 연령, 동반 질환, 그리고 노쇠 지수를 결합하여 낙상 관련 입원 위험이 높은 노인을 예측하고, 약 80%의 정확도로 고위험군을 정확하게 식별했다(Le et al., 2025). 고위험이 감지되면 균형 감각 향상을 위한 운동 중재, 가정환경 개선, 가족 및 간병인 알림 등 예방 조치를 취할 수 있다. 예를 들어, 미국의 차세대 낙상 예방 이니셔티브는 AI 가상 건강 지원, 예측 분석, 원격 모니터링을 결합하여 위험에 처한 노인을 파악하고 맞춤형 운동 지침과 안전 교육을 제공한다(Cynwyd, B., 2024). 한 가지 대표적인 사례는 미국 원격 돌봄 회사(Connect America)가 2024년에 시작한 AI 기반 낙상 예방 및 만성 질환 관리 프로그램이다. 이 프로그램은 집에서 생활하는 고위험 노인을 대상으로 하며 웨어러블 기기, 가정 내 센서, AI 기반 분석을 결합하여 개인의 낙상 위험과 건강 상태를 지속적으로 평가한다(Cynwyd, 2024). 스마트 웨어러블 기기를 통해 측정된 일일 걸음 수나 근력이 갑자기 감소하면 AI가 사용자의 이동성이 감소하고 있다는 알림을 보내 낙상 예방 간호사가 맞춤형 운동 요법이나 가정 안전 평가를 실시하도록 한다. 회사 데이터에 따르면, 이러한 선제적 참여는 비활동성 추세를 활동성으로 바꿀 수 있으며, 낙상 예방 중재 활동으로 낙상 관련 부상이 최대 37% 감소하는 것으로 나타났다(Cynwyd, 2024). 이 프로그램에서 AI는 실시간 위험 점수 예측 기능을 제공하는데 돌봄 제공자에게 고위험 알림을 주어 예방 돌봄을 효율적으로 하게 할 수 있다.

유럽 사례에서도 노인 아파트에 적외선 카메라와 같은 3차원 동작 감지 센서를 설치하고('스마트 홈' 패키지의 일부로) 이 센서로부터 나오는 데이터를 바탕으로 AI가 개인의 정상적인 활동 패턴과 비정상적인 활동 패턴을 학습하게 한다(Virtusense, n.d.). 비정상적인 상황(예: 갑작스러운 쓰러짐이나 평소 활동 시간 중 비정상적인 활동 부족)이 감지되면 이 시스템은 자동으로 응급센터나 돌봄 제공자에게 연락한다. 스칸디나비아와 같은 지역에서는 이러한 시스템을 통해 노인들이 낙상 후 바닥에 누워 있는 시간을 몇 시간에서 몇 분으로 단축하고 합병증을 줄일 수 있다는 연구 결과가 발표된 후, 독거노인을 위한 지원금 지급을 시작했다(Virtusense, n.d.). 더욱이 유럽의 강력한 데이터 개인정보 보호 규정(GDPR)으로 많은 시스템이 개인 식별이 가능한 비디오(일반 카메라) 사용을 지양하고 대신 개인정보 보호 센서[AI와 결합된 적외선, 열화상 또는 라이다(LiDAR) 이미징 등]를 활용하고 있다.

개인 맞춤형 건강 모니터링 및 스마트 홈(Ambient Assisted Living, AAL): 이 시스템은 가정 내 사물 인터넷(IoT) 센서 네트워크와 AI 분석을 결합하여 노인의 일상생활 패턴과 건강 상태를 눈에 띄지 않게 추적할 수 있다. 예를 들어, 모션 센서는 개인의 일상(예: 침대에서 일어나는 시간, 냉장고를 여는 시간, 화장실 사용 시간 등) 활동을 기록할 수 있으며, AI는 이 활동 기록 데이터를 바탕으로 문제를 나타낼 수 있는 이상 징후(예: 어느 날 아침 일어나지 않거나, 평소와 달리 오랜 시간 동안 활동하지 않는 경우)를 감지할 수 있다(ByteBridge, 2022). 이를 통해 예방적 돌봄을 하는 데 도움을 받을 수 있다. 이상 징후가 보이면 가족 등 돌봄 제공자나 원격 모니터링 서비스에 알림을 보내 잠재적 위기(뇌졸중이나 낙상 등)가 발생하기 전에 부모의 상태를 확인할 수 있게 한다. 또한 혈압 관리가 필요한 부모의 혈압이 상승 추세를 보이거나 야간 화장실 방문이 늘어나는 경우(요로 감염이나 약물 문제의 징후일 수 있음) AI 시스템은 예방적 의료 검토를 가족 등 돌봄 제공자에게 요청(경고)하는 것이다. 이는 AI가 부모의 일상생활에 예방적 모니터링 기능을 확장하여 효과적으로 돌봄을 제공할 수 있게 도와주는 케어 동반자 역할을 할 수 있다는 가능성을 보여 주는 것이다.

미래 전망

위의 사례들은 AI가 노인의 예방 관리를 신체적 측면에서 강화할 수 있음을 보여 준다.

스마트 홈은 주변 센서, 음성 인식 비서, 심지어 AI가 노인 등 거주자를 사전에 모니터링하고 활동을 지원하도록 돕는 로봇형 가구(스마트 침대 및 리프트 의자 등)까지 갖춘 '지능형 돌봄 홈(스마트 홈)'으로 발전할 것이다. 이러한 시스템은 단순히 낙상이나 건강 지표에 대응하는 데 그치지 않고 장기적인 패턴을 분석하여 개인의 미래 위험을 예측하는 등 예측 능력이 더욱 향상될 것이다. AI가 노인에게 가장 적합한 것을 노인과 돌봄 제공자와의 피드백 등 상호작용을 통해 학습하면서 지속적으로 개선될 것이다. AI의 감정 인식 기술을 기반으로 하는 미래의 돌봄 로봇은 단순히 신체적 도움뿐만 아니라 점점 더 자연스럽게 느껴지는 동반자 관계를 제공하기 위해 상호작용(예: 불안감을 느끼면 편안한 어조로 말하기)을 조절할 수 있을 것이다. 중요한 것은 AI 시스템이 더 광범위한 차원에서 돌봄 관리를 지원할 것이라는 점이다. 이는 시와니 등(Shiwani et al., 2023)의 연구에서 언급한 대로 가정, 돌봄 시설, 의료 서비스 제공자 간의 협력이 필요할 것이다. 가정, 병원 등에서 활용되는 기기 등의 데이터를 수집하여 노인 건강에 대한 통합적인 정보를 제공하는 AI 플랫폼을 통해 보다 더 광범위한 차원에서 개인 맞춤 예방 돌봄이 가능해질 것이다. 예를 들어, AI는 노인의 일상 활동 중 보행 기록에서 이동성 저하가 나타나면 주치의에게 알림을 보내 적시에 후속 조치를 취할 수 있도록 할 수 있다. 본질적으로, 부모와 가족, 돌봄 제공자를 포괄하는 AI 기반 지원 네트워크를 구축하여 선제적이고 개인 맞춤화되며 전체적인 예방 진료를 가능하게 하는 것이다. 우리의 비전은 AI가 가족 돌봄을 대체하는 것이 아니라, 가족과 돌봄 제공자가 사랑하는 사람들을 안전하고 건강하며 행복하게 지낼 수 있도록 AI가 지원하는 것이다. 이는 고령 사회를 지원하는 기술과 전통의 진정한 조화다.

참고문헌

강은나(2024). “노인의 건강과 돌봄”. 《보건복지포럼》, 337, 38~51쪽.

정지범(2024). “고령자 안전사고 추이와 실태”. 《한국의 사회동향 2023》, 311~318쪽.

Alharbi, H. A. et al.(2023). Enhancing Elderly Fall Detection through IoT-Enabled Smart Flooring and AI for Independent Living Sustainability, *Sustainability, 15*(22).

ByteBridge(2022.5.20). Sweden Artificial Intelligence Elderly Care Pilot Projects. Medium. https://medium.com/nerd-for-tech/sweden-artificial-intelligence-elderly-care-pilot-projects-a24dac1909ff

Centers for Disease Control and Prevention(2024). Facts About Falls – Older Adult Fall Prevention. https://www.cdc.gov/falls/data-research/facts-stats/index.html#:~:text=Each%20year%2C%20millions%20of%20older,your%20chances%20of%20falling%20again

Cynwyd, B.(2024). Connect America Unveils Next-Generation Fall Prevention Program to Help Support Aging Populations Living at Home. https://www.connectamerica.com/news/connect-america-unveils-next-generation-fall-prevention-program-to-help-support-aging-populations-living-at-home/#:~:text=and%20even%20mortality,is%20spent%20on%20fatal%20falls

Hung, L. et al.(2019). The benefits of and barriers to using a social robot PARO in care settings: a scoping review. *BMC Geriatr, 19*, 232.

Ide, H. et al.(2024). A comparative study to elucidate factors explaining willingness to use home-care robots in Japan, Ireland, and Finland. *Scientific Reports, 14*, 27656.

INHPF(2025). Harnessing Technology and Community: The Future of Health Promotion for Aging Societies. https://inhpf.org/aging-society/#:~:text=Launched%20in%20late%202020%2C%20South,received%20high%20participant%20satisfaction%20rates

Kang, H. S. et al.(2020). Review of outcome measures in PARO robot intervention studies for dementia care. *Geriatric Nursing, 41*(3), pp.207~214.

Kim, D. J. et al.(2024). Present and Future of AI-IoT-Based Healthcare Services for Senior Citizens in Local Communities: A Review of a South Korean Government Digital Healthcare Initiatives. *Healthcare (Basel, Switzerland), 12*(2), 281.

Kim, J.(2024.9.30). AI robot Hyodol selected for state elderly care project. AJP NEWS AGENCY. https://www.ajupress.com/view/20240930154020160#:~:text=AI%20robot%20Hyodol%20selected%20for,undergoing%20testing%20in%20the

Le, N. et al.(2025). Predicting admission for fall-related injuries in older adults using artificial intelligence: A proof-of-concept study. *Geriatrics & Gerontology International, 25*(2), pp.232~242.

National Council on Aging(2025). The Top 10 Most Common Chronic Conditions in Older Adults.

https://www.ncoa.org/article/the-top-10-most-common-chronic-conditions-in-older-adults/

Shin, H. & Jeon, C.(2024). The Robotic Multi-Care Network: A Field Study of a “Robot Grandchild” in South Korea. *East Asian Science, Technology and Society: An International Journal, 18*(2), pp.177~195.

Shiwani, T. et al.(2023). New horizons in artificial intelligence in the healthcare of older people. *Age and Ageing, 52*(12), afad219.

Virtusense.(n.d.). Predictive Fall Prevention with VSTAlert. https://www.virtusense.ai/products/vstalert-1#:~:text=Fall%20Reduction%20Almost%C2%A0Immediately

Winn, Z.(2019.10.10). Robots help patients manage chronic illness at home. MIT News. https://news.mit.edu/2019/catalia-health-mabu-robot-1011#:~:text=As%20part%20of%20his%20PhD,with%20the%20weight%20loss%20program%20news.mit.eduZach

WHO(2021). Falls. https://www.who.int/news-room/fact-sheets/detail/falls#:~:text=,effective%20policies%20to%20reduce%20risk

03
AI와 신체 기능 유지

건강한 노화를 위해서는 노쇠를 예방하고 신체 기능을 유지하는 것이 중요하다. 부모가 규칙적인 운동과 적절한 운동을 할 수 있도록 자식이 옆에서 챙겨 주는 게 가장 좋을 것이지만 전문적인 지식과 시간 등의 부족으로 쉽지만은 않다. 또한 배설 관리는 존엄을 지키는 데 필수적이며 자식에게도 최후에 도움받길 원한다. 이러한 점에서 AI가 피지컬 AI 등의 형태로 돌봄을 지원할 수 있다.

인공지능과 편향?

신체 기능 유지(운동, 배설) 돌봄 개요와 필요성

규칙적인 운동과 효과적인 배설 관리를 포함한 신체 기능 유지는 건강한 노화와 양질의 돌봄 제공의 초석이다.

연구에 따르면 노인의 규칙적인 신체 활동과 운동은 근력, 유연성과 균형 감각을 향상시킬 뿐만 아니라 삶의 질을 크게 향상시키고 낙상 및 만성 질환 발생률을 낮추는 것으로 나타났으며 노인들이 일상생활을 지속하고, 장애 발생을 지연시키며, 정신 건강(예: 우울증 및 인지 기능 저하 감소)을 지원한다(Langhammer, 2018).

배변 관리 영역은 배변, 배뇨 조절, 그리고 이와 관련된 필요 사항들을 관리하는 것을 의미한다. 연령에 따른 변화나 질환은 요실금이나 변실금, 변비와 같은 문제로 이어질 수 있다. 이러한 문제들은 광범위하고 중대한 영향을 미치는데 80세 이상 여성의 약 40%, 노인 요양원 거주자의 최대 80%가 요실금을 경험한다. 이는 위생 문제와 사회적인 굴욕감으로 인해 삶의 질을 심각하게 저하시키는 질환이다. 방광/대장 조절 능력 상실은 건강 위험(예: 피부 감염, 화장실에 급히 가다 넘어짐)을 초래할 뿐만 아니라 개인의 존엄성과 자신감을 손상시킬 수 있다. 또한 가족 등 돌봄 제공자에게도 상당한 신체적, 경제적 돌봄 부담을 안겨 준다. 실제로 부모의 배변을 돕는 것은 가장 부담스러운 돌봄 업무 중 하나이며 부모도 마지막으로 돌봄받고 싶어 하는 부분일 것이다. 부모의 노화에 따른 돌봄 자원의 부담을 고려할 때, 운동과 배변 관리를 지원하는 혁신적인 솔루션이 절실히 필요하다.

AI를 활용한 예방 돌봄 연구 동향과 국내·외 적용 사례

최근 몇 년 동안 센서(데이터 수집 장치), AI 알고리즘 등의 발전에 힘입어 AI를 활용한 운동 및 신체 기능 지원 연구가 가속화되고 있다.

이제 웨어러블 가속도계, 스마트워치, 심지어 주변 환경 센서까지 통합하여 사용자의 움직임, 심박수, 혈압 등 신체에 대한 다양한 실시간 데이터를 수집할 수 있다. AI 알고리즘은 이 데이터를 분석하여 각 사용자의 신체 기능의 강점과 약점을 파악하고, 목표 부위를 개선할 수 있는 특정 운동을 제안하며, 운동 강도를 적절한 수준으로 조절하는 등 맞춤형 운동을 추천할 수 있다. 이러한 개인 맞춤화는 고령자나 재활 환자에게 매우 중요한데, 이는 부모의 신체적 능력에 맞춰 운동이 효과적이면서도 안전하게 수행되도록 AI가 도와줄 수 있기 때문이다.

자동 동기 부여 메시지 또는 챗봇 알림을 전송하여 운

동 참여를 유도하고, 카메라로 수집되는 운동 영상을 통해 사람의 동작과 자세를 인식(컴퓨터 비전)하여 운동이 제대로 수행되도록 지도(코칭)하고, 운동 보조 장치의 제어 시스템 역할을 하며, 심박수, 호흡수 등 다양한 신체 데이터를 수집, 분석하여 가상 코치로서 운동 난이도를 조절하여 운동을 지도하는 것이다(Canzone, 2025). 예를 들어, 일부 물리 치료 클리닉에서는 일반 영상 카메라를 사용한 컴퓨터 비전 AI로 운동 중 환자의 관절 가동 범위를 평가하고 치료사의 도움 없이도 실시간 교정 피드백을 제공한다(Canzone, 2025).

마찬가지로 대화형 AI(음성 지원 챗봇)도 노인들이 신체 활동 프로그램에 참여하도록 도울 수 있다. 핏챗(FitChat) 시스템을 활용한 실험은 노인들이 앱 알림보다 음성 상호 작용을 선호할 수 있음을 보여 주었다. AI 음성 비서는 자연스럽게 대화하고, 매일의 운동을 상기시키고, 통증이나 피로 등 어려움에 공감하며 정적인 운동 비디오에서는 할 수 없는 방식으로 동기를 부여할 수 있다(Wiratunga, 2019).

한국건강증진개발원이 운영하는 보건복지부 사업인 'AI · IoT 기반 어르신 건강관리 사업' 사례가 있다(한국건강증진개발원, n.d.). 지역 사회 내 노인에게 개인 맞춤형 비대면 건강관리 서비스를 제공했는데, 시범 사업 참여자(65세 이상 안드로이드 스마트폰 소지 노인 900명 이상, 모두 재택 거주)에게 AI 기반 플랫폼과 연동되는 스마트 활동량계, 체중계, 혈압계, 혈당계와 같은 가정용 건강관리 기기가 제공되었다. 초기 건강 평가 후, 각 노인은 모바일 앱(오늘 건강 앱)과 AI 음성 비서 스피커(AI 생활 스피커)를 통해 매일 '건강 미션'을 받았다. 예를 들어, 이 서비스는 개인에게 특정 걸음 수(걷기 운동) 달성을 유도하고, 간단한 스트레칭이나 균형 운동('건강 체조' 영상 제공)을 상기시키며, 그날 혈압을 측정하고 기록하도록 했다. 포르투갈 기업(INESC TEC)의 프로젝트(VR2Care)는 노인을 위한 가상현실 운동 시스템을 개발했다. 포르투갈, 이탈리아, 네덜란드에서 진행된 이 시스템의 적용 실험에는 75명의 노인(일부는 90세 이상)이 참여했으며, 참가자들은 간단한 가상현실(VR) 장비를 착용하거나 텔레비전 기반 가상 환경을 통해 거실에서 그룹 운동 세션에 참여했다(INESC TEC, 2024). 이 AI 시스템은 사용자의 운동 능력에 따라 난이도가 조절되는 기능적 운동 게임과 실시간으로 격려 또는 팁을 제공하는 디지털 코치가 포함되었다. 노인들은 신체 활동에 더 많이 참여했을 뿐만 아니라 가상 환경에서의 타 참여자와의 사회적 측면을 즐겼고, 이는 외로움을 극복하는 데 도움이 되었다고 한다(INESC TEC, 2024). 이 사례는 신체 건강 목표와 사회적 연결을 결합하는 방식으로 AI를 활용하여 운동을 맞춤 설정하고 정신적, 정서적 참여를 유지하는 가상 사회 환경을 조성한 측면을 보여 준다.

또 다른 급성장하는 연구 분야는 운동 증진에 사회적 보조 로봇(소셜 로봇)을 활용하는 것이다. AI 기반 소셜 로봇(주로 인간형 또는 반려동물형 로봇)은 운동 세션을 이끌고, 동작을 시연하고, 운동을 더욱 즐겁게 만들어 주는 동반자 역할을 할 수 있다. 2010년대 후반, 일본의 여러 요양 시설에서는 소프트뱅크의 페퍼 로봇을 도입하여 매일 그룹 운동(팔 올리기, 다리 스트레칭, 음악에 맞춰 춤추기 등)을 시행했다. 앞서 언급된 페퍼 케어 예방 체조 운동(Pepper-CPGE: Care Prevention Gymnastics Exercises for Pepper) 임상 시험(Ujike, 2019)은 조현병이나 치매 환자조차도 페퍼가 운동 활동을 지도할 때 상호작용과 의사소통 능력이 향상되었음을 입증했다. 2025년에 진행된 체계적 문헌 고찰(Shen, 2025)에서는 노인의 신체 활동을 위한 AI 기반 소셜 로봇 연구 19건을 분석했다. 분석 결과, 이러한 로봇이 노인의 운동 지속성, 참여도, 그리고 운동 시간을 효과적으로 증가시켰다. 로봇은 요양원부터 개인 주택까지 다양한 환경에서 테스트되었다. 이러한 결과는 AI 기반 로봇이 노인들의 운동 경험을 더욱 상호작용적이고 사회적으로 보람 있게 만들어줌으로써 운동에 대한 거부감을 줄일 수 있음을 보여 준다.

배변 관리 분야에서 연구는 더욱 센서 기반의 예방적인 접근 방식을 취하고 있다. 방광/대장 상태를 모니터링하고 필요성을 예측하는 AI 구현으로 보다 품위 있는 배변 관리가 가능해진다. 예를 들어, 비침습적으로 방광 용량을 추적하는 스마트 웨어러블 센서다. 소형 초음파 기반 웨어러블 기기인 디프리센서(DFree)는 AI 알고리즘을 사용하여 방광 팽창을 실시간으로 분석하고 방광이 거의 가득 찼을 때 사용자 또는 돌봄 제공자에게 알림을 보낸다(Hafid, 2023). 또 다른 새로운 개발 사례는 스마트 변기(smart toilet)라는 개념이다. 미국 듀크대학교 연구원들은 압력 센서 어레이와 컴퓨터 비전을 탑재하여 사용자의 배변 활동을 분석하는 변기 시스템의 프로토타입을 개발했다(Petty, 2021). 실험용 스마트 변기는 변의 특성(배변 시간, 양, 모양 등)을 자동으로 측정하고, 고유한 압력 패턴으로 사용자를 식별하여 개인적이고 지속적인 건강 모니터링 방법을 제공할 수 있다. 변을 촬영하고 딥러닝 알고리즘을 사용하여 변의 형태(의료용 브리스톨 변 척도에 따라)를 분류하고 높은 정확도로 혈액을 검출하는 변기 센서를 개발했다. 즉, 이 AI 시스템은 변의 점도를 약 85%의 정확도로 분류하고, 위장관 출혈 징후를 76%의 정확도로 식별했다. 이 시스템은 배변 패턴과 변의 질을 자동으로 추적하여 임상의가 변비, 설사, 내출혈과 같은 문제를 훨씬 빨리 발견할 수 있도록 지원할 수 있다. 또한 환자가 종종 오류가 발생하기 쉬운 민감한 정보를 스스로 보고해야 하는 번거로움을 덜어 준다.

국내의 배설 지원 사례로 큐라코의 배뇨, 배변 보조 기능이 있는 케어비데(정희석, 2024), 하이제라네트웍스의 스마트 기저귀 시스템 및 자동 배뇨 처리 로봇(정민아, 2025) 등 배설 보조 기기가 있다. 케어비데와 하이제라 제품 등은 AI 기술을 활용하여 배설 감지에 따라 배설물 자동 흡입 기능 등을 고도화하고 있다.

미래 전망

앞으로 운동 및 배변 관리 분야에서도 AI의 역할은 기술 발전과 초고령 사회 진입에 따라 빠르게 확대될 것으로 예상된다.

예를 들어, 가정에 완벽하게 통합된 'AI 운동 및 배변 돌봄 시스템'이 구축되는 것이다. 이 시스템은 웨어러블 기기와 주변 센서 네트워크를 통해 개인의 신체 능력, 운동 활동, 심박수, 수분 섭취량, 화장실 사용 등을 지속적으로 모니터링하는 등 다양한 기능을 결합하여 AI가 부모 또는 자식 등 돌봄 제공자에게 24시간 도움을 제공할 수 있다. 즉, 부모가 오랫동안 의자에서 움직이지 않을 경우, AI가 부모에게 멀리 떨어져 있는 자식 대신 스트레칭이나 몇 걸음 걷기를 상기시켜 컨디션 저하를 예방할 수 있다. 방광이 가득 찼음을 감지하면 화장실 사용 시간을 알려주어 소변 누출 등 사고를 예방할 수 있다.

또한 AI 시스템이 이러한 심신의 연관성을 점점 더 잘 다룰 것으로 예상된다. 예를 들어, 개인정보 동의하에 음성 톤이나 카메라를 통한 얼굴 표정 분석을 통해 기분 신호를 추적하고, 스트레스가 감지되면 편안한 운동을 시작하는 등 그에 따라 코칭(지도)을 조정하는 방식일 수 있다.

데이터 통합 및 상호 운용성은 미래 AI 돌봄의 핵심 요소가 될 것이다. 예를 들어, AI는 침대 센서를 통해 수면의 질이 좋지 않은 날에는 발이 불안정하고 화장실 사고를 일으킬 가능성이 높다는 것을 파악할 수 있다. 이를 바탕으로 AI는 균형 운동을 추가로 계획하거나 이뇨제 복용 시간을 조절하여 야간 화장실 이용을 줄일 수 있다. AI가 "이번 달 부모의 보행 속도가 10% 감소했고, 아찔한 순간을 두 번이나 겪었습니다. 심각한 낙상 위험이 증가하고 있습니다" 또는 "부모의 배변 빈도가 변했고 수분 섭취량이 부족합니다. 요로 감염 위험이 있습니다"라고 알려주는 것이다. 자식이나 돌봄 제공자는 이러한 통찰력을 AI로부터 알림으로 받아 물리 치료 방문 예약이나 수분 섭취량 증가와 같은 조기 개입을 가능하게 할 것이다.

참고문헌

정민아(2025.7.9). "하이제라, '일본 IMHS 2025' 참가해 배뇨 데이터 기반 스마트 헬스케어 솔루션 첫 공개". BIOTIMES. https://www.biotimes.co.kr/news/articleView.html?idxno=22509

정희석(2024.12.26). "범부처사업단 '큐라코 케어비데' 시립요양원 확대 보급". 라포르시안. https://www.rapportian.com/news/articleView.html?idxno=215805

한국건강증진개발원(n.d.). "AI·IoT기반 어르신 건강관리사업". https://www.khepi.or.kr/board?menuId=MENU01692

Canzone, A. et al.(2025). The multiple uses of artificial intelligence in exercise programs: a narrative review.

Front. Public Health, 13, 1510801.

Hafid, A. et al.(2023). State of the Art of Non-Invasive Technologies for Bladder Monitoring: A Scoping Review. *Sensors, 23*(5), 2758.

INESC TEC(2024). Researchers use virtual reality to promote physical exercise and socialisation among the older population. https://www.inesctec.pt/en/press-releases/researchers-use-virtual-reality-to-promote-physical-exercise-and-socialisation-among-the-older-population

Langhammer, B. et al.(2018). The Importance of Physical Activity Exercise among Older People. *BioMed research international, 2018*, 7856823.

Petty, K.(2021.5.24). 'Smart Toilet' uses artificial intelligence to monitor bowel health. Duke Today. https://today.duke.edu/2021/05/smart-toilet-uses-artificial-intelligence-monitor-bowel-health

Shen, J. et al.(2025). Artificial intelligence-powered social robots for promoting physical activity in older adults: A systematic review. *Journal of Sport and Health Science, 14*, 101045.

Ujike, S. et al.(2019). Encounter of Pepper-CPGE for the elderly and patients with schizophrenia: An innovative strategy to improve patient's recreation, rehabilitation, and communication. *Journal of Medical Investigation, 66*(1-2), pp.50~53, pp.323~331.

Wiratunga, N. et al.(2019). FitChat: Conversational Artificial Intelligence Interventions for Encouraging Physical Activity in Older Adults. Association for the Advancement of

Artificial Intelligence.
https://github.com/RGU-Computing/fitchat

04
AI와 인지 활동 돌봄

부모의 노화에 따른 인지 기능의 저하는 일상생활과 삶의 질에 영향을 준다. 이러한 인지 기능의 저하를 늦추고 유지할 수 있도록 하는 인지 활동 돌봄이 필요하다. AI는 개인 맞춤형 24시간 인지 자극과 유대감을 제공하여 이전에는 불가능했던 방식으로 인지 기능 저하를 지연시키고 에이전틱 AI 등으로 인지 활동을 지원할 것이다.

청각장애인과 AI?

인지 활동 돌봄의 개요와 필요성

나이가 들면서 많은 노인들은 경미한 기억력 감퇴에서 심각한 장애에 이르기까지 점진적인 인지 저하를 경험하며, 이는 일상생활과 삶의 질에 영향을 미칠 수 있다.

예를 들어, 경도 인지 장애(MCI, Mild Cognitive Impairment)는 치매 전 단계로 널리 알려져 있으며, 전문가들은 경도 인지 장애(MCI) 단계에서 조기 개입이 매우 중요하다고 강조한다(Park et al., 2021). 독서, 새로운 기술 습득, 게임, 사교 활동과 같은 인지 활동에 참여하는 것은 뇌를 자극하고 연령에 따른 인지 저하를 늦추는 데 도움이 될 수 있다. 실제로 장기 관찰 연구에 따르면 인지 및 사회 활동(예: 독서, 쓰기, 문화 행사 또는 동호회 활동)에 자주 참여하는 사람들은 치매 발병 위험이 낮은 경향이 있다(McKeehan, 2021). 인지 및 사회적 자극은 '인지 예비능(Cognitive Reserve, 뇌가 손상, 질병, 노화 등 퇴행성 변화에 대응하는 능력)'을 형성하여 알츠하이머병과 같은 질병의 병리학적 변화에 대한 뇌의 회복력을 높일 수 있다(McKeehan, 2021).

중요한 것은, 노년기에 구조화된 인지 훈련 중재(개입)가 효과를 보였다는 것이다. 예를 들어, 미국에서 10년간 진행된 2802명이 참여한 대규모 임상 시험

(ACTIVE, Advanced Cognitive Training in Vital Elderly study)에서는 전산화 인지 훈련(처리 속도 훈련)이 인지 기능을 향상시켰을 뿐만 아니라, 대조군에 비해 10년 후 치매 위험을 29% 감소시키는 것으로 나타났다(Edwards, 2017). 이 시험에서 개발된 처리 속도 훈련은 이후 포짓 사이언스(Posit Science)에서 개발한 브레인에이치큐(BrainHQ) 플랫폼(https://www.brainhq.com/)에 통합되었다. 노년층 미국인들이 루모시티(Lumosity, https://app.lumosity.com/)나 브레인에이치큐와 같은 두뇌 훈련 게임을 사용해 왔다.

이러한 결과는 비약리학적 접근법도 인지 저하를 지연시키고 경우에 따라 치매를 예방하는 데 도움이 될 수 있음을 보여 준다. 2019년 세계보건기구(WHO)는 인지 저하 위험 감소 가이드라인을 발표했으며, 노인의 인지 건강을 지원하는 전략으로 인지 훈련을 조건부로 권장하기도 했다(McKeehan, 2021).

인지 활동 돌봄은 효의 양지(養志, 부모의 마음을 돌봄) 측면에 속하며, 연로하신 부모의 정신적, 인지적 활동을 돌보는 것이 물질적 지원을 제공하는 것만큼 중요함을 강조한다.

AI를 활용한 인지 활동 돌봄 연구 동향과 국내·외 적용 사례

AI 기술은 노인의 인지 자극 및 훈련을 촉진하는 다양한 도구(로봇, 게임 등)에 결합되어 연구되고 있다. 예를 들어, 노인들이 상호작용 활동에 참여할 수 있도록 하는 AI 기반 사회 보조 로봇(SAR, Socially Assistive Robots)의 개발이다. 이러한 사회 보조 로봇은 인간형 안드로이드부터 반려동물형 로봇까지 다양하며, AI를 활용하여 대화, 게임, 운동 지도 등을 수행한다.

2022년에 실시된 체계적 문헌 고찰 및 메타 분석에서는 AI 기반 사회 보조 로봇이 노인의 인지 기능에 미치는 영향을 조사했다(Lee et al., 2022). 9개 연구를 분석한 결과, 사회 보조 로봇은 노인의 인지 기능에 미미하지만 긍정적인 영향을 미치는 것으로 나타났으며, 전반적인 효과 크기는 대조군에 비해 중재군의 인지 검사 점수가 향상되었음을 보여 줬다(Lee et al., 2022). 특히, 이 연구는 인간과 유사한 특징을 가진 로봇이 인지 기능 향상에 가장 효과적이라고 보고했다(Lee et al., 2022).

이러한 사회 보조 로봇은 과거 사건과 사진에 대한 토론, 퍼즐 게임, 간단한 Q&A 퀴즈와 같은 활동을 통해 기억력과 사고력을 자극하는 활동을 자주 수행할 수 있게 한다. AI는 로봇이 상호작용을 개인화하고 노인의 답변이나 기분에 실시간으로 반응할 수 있도록 한다. 국내의 경우, 정부와 지자체는 독거노인 돌봄 지원의 일환으로 AI 돌봄 로봇 보급을 지원하고 있다. 효돌, 효순, 다솜K, 꿈돌이, 실봇(Sil-Bot) 등이 있으며 아가야, 장군이 등의 로봇도 연구 개발 및 실증되고 있다(Park, 2021; 소성렬, 2025; 송문선, 2022). 이 중 효돌, 실봇(Sil-Bot)을 예로 들면, 노인을 위한 인지 훈련 연습을 안내하도록 설계된 말하는 아이 같은 로봇으로 효돌, 효순이는 남아, 여아의 모습을 가진 인형 로봇이며 실봇은 모니터에 표정이 구현되고 바퀴 구동형 이동 기능이 있는 로봇이다. 실봇은 노인을 대상으로 한 임상 시험에서 연구되었는데, 경도 인지 장애(MCI)가 있는 지역 사회 거주 노인을 대상으로 한 무작위 대조 시험에서, 로봇 보조 다중 영역 인지 훈련 프로그램(실봇 사용)을 기존 인지 훈련 프로그램 및 비개입 그룹과 비교했다(Park et al., 2021). 6주 동안 로봇 보조 훈련 그룹 참가자들은 다른 그룹 참가자들보다 전반적인 인지 기능에서 유의미한 향상을 보였으며 기억력과 실행 기능이 현저히 향상되었고, 우울증 증상도 감소한 반면, 기존 훈련 그룹은 일부 인지 영역에서는 향상되었지만 기분 영역에서는 유의미한 향상이 없었다

(Park et al., 2021).

또 다른 AI를 활용한 인지 돌봄 연구는 디지털 인지 훈련 프로그램과 치료 게임에 AI를 활용하는 것이다. 최근 사례로는 싱가포르에서 인지 기능 저하를 예방하기 위해 개발된 AI 기반 다분야 중재 앱 프로그램(ADL+)이 있다(Haslam, 2025).

이 프로그램은 게임화된 인지 훈련, 운동, 식단 관리를 단일 앱으로 통합하고, AI 분석을 활용하여 각 개인의 인지 상태와 생활 방식에 맞는 맞춤형 추천을 제공한다. 140명 이상의 지역 사회 거주 노인을 대상으로 6개월간 무작위 배정 시험을 진행한 결과, 이 앱을 사용한 중재군은 인지 검사 점수(특히 주의력, 처리 속도, 기억력)가 향상되거나 유지된 반면, 대조군(건강 교육만 받은 그룹)은 감소했다(Haslam, 2025). 이러한 프로그램의 성공은 사용자 친화적인 디자인과 AI를 통한 개인 맞춤화에 있었다. 부모는 자신의 속도와 관심사에 맞춰 훈련이 진행되고, 훈련이 즐겁다면 계속 이용할 가능성이 높을 것이다.

그리고 스페인의 노인 주간보호센터는 퀴도 메멘티아(Kwido Mementia)와 같은 인지 자극 소프트웨어를 도입했다. 시범 운영에서 스페인 노인들은 치료사의 감독하에 앱의 AI 기반 게임과 VR 체험을 통해 기억력과 주의력이 향상되었고, 새로운 형태의 프로그램을 즐기는 것으로 나타났다(DHE, n.d.).

유럽연합은 호라이즌(Horizon) 2020 연구프로젝트 및 스마트 돌봄 프로젝트(AAL, Active/Ambient Assisted Living)와 같은 프로그램을 통해 인지 훈련 게임뿐만 아니라 인지 기능을 지원하는 스마트 홈 시스템(예: 사용자의 일정을 학습하고 수행할 일상 업무를 안내하여 인지적 자율성을 유지하는 지능형 알림 시스템)에 대한 혁신에도 적극적으로 지원해 왔다. 이러한 AI 인지 도구에 대한 의료 기기 인증을 획득하려는 움직임이 있으며(예: 유럽 전역에서 퀴도 메멘티아 인증을 목표로 하는 등), 이는 적절한 감독하에 의료 시스템에 통합하는 데 도움이 될 것이며(DHE, n.d.) 의료에서 돌봄으로 연계를 고려하고 있음을 보여 준다.

또한 대화형 AI(챗봇 및 음성 비서)를 활용하여 일상적인 상호작용을 통해 인지 자극을 제공하는 것이다. 최신 음성 인식 가상 비서(예: 아마존 알렉사, 구글 어시스턴트 또는 노인 돌봄 챗봇)는 자연어 AI를 사용하여 사용자와 대화한다. 미국의 연구에 따르면 노인들은 인지 기술을 사용하는 정보 관리 작업(예: 알림 설정)에 음성 비서를 자주 사용하는 것으로 나타났다. 노인들이 가장 자주 사용하는 서비스 중 하나는 음성 명령, 정보 검색, 날씨 문의다(Liu et al., 2023). 이는 사실상 일부 기억력 및 정보 처리 업무를 AI에 아웃소싱하는 것과 같다(Liu et al., 2023). 이는 일상생활 관리(독립성 유지)에 도움이 될 뿐만 아니라, 정보를 찾고 체계적으로 정리하도록 장려하여 인지적으로 활동적인 상태를 유지하도록 돕는 걸 의미한다. 이러한 서비스들은 단순한 것처럼 보일 수 있지만, 정보가 넘쳐나는 사회에서 노인들이 일상생활을 처리하는 데 도움을 주며, 보조 기억 장치이자 정보 처리 장치 역할을 효과적으로 수행한다. 또한 음성 기반 시스템은 퀴즈 질문을 던지거나, 두뇌 자극 문제를 유도하거나, 추억에 잠기는 대화("역사적 사건에 대해 이야기해 볼까요? 무엇을 기억하시나요?")를 유도하도록 구현될 수 있다. 정적인 휴대폰 앱과 달리 이러한 AI 에이전트는 동적으로 음성 등으로 상호작용할 수 있어 기술에 익숙하지 않은 노인들의 사용 장벽을 낮춰줄 수 있다.

미래 전망

부모 등 노인의 인지 활동 관리에서 AI의 역할은 확대될 것으로 예상되지만, 기술적 역량과 인간적 가치 사이의 신중한 균형이 필요할 것이다. 가까운 미래에는 모든 노인의 요구에 적합한 개인화된 AI 동반자가 개발, 적용될 것이다.

이러한 AI 동반자는 실제 로봇이든 화면 속 가상 아바타든 개인의 삶의 이력, 선호도, 그리고 일상에 대해 지속적으로 학습할 수 있으며, 이러한 지식을 바탕으로 AI는 매우 의미 있는 방식으로 인지 자극을 맞춤화할 수 있다. 예를 들어, "가족에 대한 간단한 기억력 테스트를 해 볼까요? 손주들의 생일을 기억하시나요?" 또는 "고등학교 시절 단어가 포함된 크로스워드 퍼즐을 찾았는데, 같이 해 볼까요?"와 같이 개인이 선호하는 형태로 인지 자극을 줄 수 있다. AI는 개인의 맥락을 통합함으로써 인지 활동을 더욱 매력적이고 관련성 있게 만들어 더욱 효과적이고 적극적인 참여를 유도하는 활동을 가능하게 할 수 있다.

동시에 미래의 AI 시스템은 스마트 환경과 통합될 가능성이 높다. 부모의 집에는 여러 센서와 AI가 설치되어 노인이 장시간 인지적 자극을 받지 않는지 감지할 수 있다(예: AI가 TV가 켜져 있지 않거나 그날 아무런 지적 활동이 기록되지 않았음을 감지하는 경우). 그러면 AI시스템은 "잠시 쉬셨군요. 퀴즈를 푸는 동안 간단한 두뇌 게임이나 산책은 어떠세요?"라고 제안하며 개입할 수 있다. 이러한 시스템은 의료 서비스 제공자와도 협력할 수 있다. 병원 등에 인지 원격 진료 서비스가 등장하면 인지 건강을 원격으로 모니터링하고, 상태가 크게 악화될 경우 의사나 가족에게 알림을 보내 전문적인 평가를 신속하게 수행할 수 있도록 하는 병원의 인지 원격 진료 서비스와도 연계되는 AI 플랫폼이 될 것이다.

미래의 인지 돌봄 AI는 더욱 적응적이고, 상황을 인식하며, 통합적으로 발전할 것이다. 단순히 인지 훈련을 제공하는 것이 아니라 사용자의 감정 상태까지 이해하는 시스템을 보게 될 것이다. 예를 들어, 노인이 좌절감이나 피로감을 느낀다면 AI는 음성이나 표정을 통해 이를 감지하고 인지 훈련 세션을 부드럽게 종료하고 대신 편안한 음악을 재생할 수 있다. 이는 엄격한 훈련 일정보다 정서적 웰빙을 우선시하는 것이다. 반대로, 어느 날 아침 사용자가 특히 예리하고 열정적인 모습을 보인다면, AI는 그 순간의 각성 상태를 활용하기 위해 약간 더 어려운 퍼즐이나 새로운 학습 주제를 제시할 수도 있다. 이러한 방식으로 AI는 인지적 어려움과 휴식, 그리고 정서적 지원을 조화롭게 엮어 효도(몸과 마음을 모두 돌보는 것)의 전인적 본질에 부합하는 균형 잡힌 돌봄 계획을 제공할 수 있다. 또한 AI와 인간의 개입을 결합한 하이브리드 시스템도 주목해야 한다. 유망한 모델 중 하나는 노인, AI 코치, 그리고 인간 전문가(원격 작업 치료사 등), 가족이 함께 일하는 협력 모델이다. AI는 일상 활동과 데이터 수집, 분석을 담당하고, 인간 전문가는 AI의 보고서와 조정 또는 점검 단계를 통해 돌봄 의사 결정 등을 한다. 가족은 노부모의 인지 훈련 상태를 공유받으며 정서적 유대를 강화할 수 있다. 이러한 시너지 효과는 인지 훈련의 규모와 효과를 크게 향상시킬 수 있다. 한 명의 치료사가 AI의 도움을 받아 수십 명의 노인을 관리하고, 인간의 통찰력이 가장 필요한 부분(동기 부여, 복잡한 평가, 공감)에 시간을 집중하고, AI는 일상적인 격려와 연습을 담당할 수 있다.

마지막으로, 인지 활동 치료에서 AI가 효도의 미래 패러다임을 어떻게 형성할지 고려해 볼 가치가 있다. AI 시대에는 성인 자녀가 가족이 함께할 수 없는 시간 동안 노부모에게 유능한 AI 동반자를 제공함으로써 부모가 인지적, 정신적으로 집중하고 외롭지 않도록 최상의 도구를 활용하는 효도의 현대적 연장선으로 볼 수도 있다.

참고문헌

소성렬(2025.6.23). "아이솔, AI 돌봄 로봇 '장군이'로 고령화 사회 돌봄 패러다임 전환 이끈다". 전자신문. https://www.etnews.com/20250623000236

송문선(2022). "빅데이터를 이용한 독거노인 돌봄 AI 대화형 말동무 아가야(AGAYA) 로봇 시스템에 관한 연구". 《한국콘텐츠학회논문지》, 22(5), 305~318쪽.

DHE(n.d.). Cognitive training for the elderly with the help of the DHE twinning Kwido Mementia. Digital Health Europe. https://digitalhealtheurope.eu/news/cognitive-training-for-the-elderly-with-the-help-of-the-dhe-twinning-kwido-mementia/#:~:text=The%20DigitalHealthEurope%20,language%2C%20memory%20and%20orientation%20skills

Edwards, J. D. et al.(2017). Speed of processing training results in lower risk of dementia. *Alzheimer's & Dementia: Translational Research & Clinical Interventions, 3*(4), pp.603~611.

Haslam, O.(2025.2.26). Study explores AI-guided personalized nutrition for the aging brain. NutraIngredientsEurope. https://www.nutraingredients.com/Article/2025/02/26/ai-improves-cognitive-health-with-personalized-nutrition-advice/#:~:text=An%20AI,adults%20in%20a%20new%20study

Lee, H. et al.(2022). The effect of cognitive function health care using artificial intelligence robots for older adults: Systematic review and meta-analysis. *JMIR Aging, 5*(2), e38896.

Liu, M. et al.(2023). Older adults' intention to use voice assistants: Usability and emotional needs. *Heliyon, 9*(11), e21932.

McKeehan, N.(2021.3.8). Does cognitive and social activity reduce the risk of dementia?. Alzheimer's Drug Discovery Foundation, Cognitive Vitality Blog. https://www.alzdiscovery.org/cognitive-vitality/blog/does-cognitive-and-social-activity-reduce-the-risk-of-dementia#:~:text=However%2C%20other%20observational%20studies%20with,15

Park, E. A. et al.(2021). The Humanoid Robot Sil-Bot in a Cognitive Training Program for Community-Dwelling Elderly People with Mild Cognitive Impairment during the COVID-19 Pandemic: A Randomized Controlled Trial. *International journal of environmental research and public health, 18*(15), 8198.

Park, Y. et al.(2024). Effectiveness of artificial intelligence robot interventions on psychological health in community-dwelling older adults: A systematic review. *Journal of Korean Gerontological Nursing, 26*(1), pp.35~47.

Tanner, A. et al.(2023). Older adults' engagement and mood during robot-assisted group activities in nursing homes: Development and observational pilot study. *JMIR Rehabilitation and Assistive Technologies, 10*, e48031.

05
AI와 치매 돌봄

AI는 조기 진단부터 지속적인 간병 지원에 이르기까지 치매 치료, 돌봄의 다양한 측면에서 점점 더 많이 활용되고 있다. 조기 발견 및 진단, 스마트 모니터링 및 안전, 인지 훈련 및 치료 보조, 사회적 및 정서적 지원 등에 AI가 활용된다.

AI 콘텐츠 크리에이터?

치매 돌봄의 개요와 필요성

치매는 주로 노인에게 영향을 미치는 진행성 인지 장애로 환자, 가족, 그리고 의료 시스템에 심각한 문제를 야기하고 있다. 2020년 기준 전 세계적으로 5500만 명이 넘는 사람들이 치매를 앓고 있으며, 급속한 고령화로 인해 2050년까지 거의 세 배인 1억 3900만 명으로 증가할 것으로 예상되고 있다(Alzheimer's Disease International, n.d.).

치매는 기억력과 일상생활 기능을 저하시킬 뿐만 아니라, 가족과 사회에 상당한 신체적, 심리적, 경제적 부담을 초래한다(WHO, 2025). 2019년 전 세계 치매 비용은 1조 3000억 달러로 추산되었으며, 이 중 약 절반은 가족 구성원이 제공하는 돌봄(Informal Caregiving)에서 발생했다(WHO, 2025). 이는 치매 돌봄이 가족에 의해 주로 이루어져 오고 있음을 보여 준다. 그러나 현대의 인구 구조 변화(가족 규모 축소, 수명 연장)로 인해 이러한 전통이 흔들리고 있다. 우리나라처럼 인구 고령화가 빠르게 진행되는 나라에서 이러한 경향이 두드러지고 있다. 자녀의 독립 등으로 가족과 떨어져 홀로 사는 노인이 증가함에 따라 이러한 가족 돌봄을 이행하는 것이 어려워졌다.

이러한 추세로 떨어져 사는 가족에 의한 돌봄을 보완하고 노부모 돌봄의 물질적, 정서적 측면을 모두 지원할 수 있는 혁신적인 치매 돌봄 솔루션이 필요하다.

AI를 활용한 치매 돌봄 연구 동향과 국내·외 적용 사례

AI는 조기 진단부터 지속적인 간병 지원에 이르기까지 치매 치료의 다양한 측면에서 점점 더 많이 활용되고 있다.

조기 발견 및 진단

인지 장애 및 치매를 더 빠르고 정확하게 발견하기 위해 AI를 활용한다. 머신러닝 알고리즘은 의료 스캔(예: MRI 또는 CT 이미지), 유전 데이터 또는 새로운 '디지털 바이오마커(음성 패턴, 필체, 보행 등)'를 분석하여 기존 방법보다 조기에 알츠하이머병 및 기타 치매의 징후를 식별할 수 있다. 예를 들어, 한국전자통신연구원(ETRI)에서는 노인의 음성을 평가하여 경도 인지 장애 및 치매 위험을 예측하는 음성 분석 AI 시스템을 개발했다(Kang & Chong, 2024). 특히, 표준 치매 음성 데이터 세트에서 87.3%의 정확도로 치매 위험을 예측했다(Kang & Chong, 2024). 또한 다른 연구들도 AI를 사용하여 일상적인 언어 사용, 얼굴 표정, 심지어 스마트 기기와의 상호작용을 통해 치매를 진단하고 있다.

스마트 모니터링 및 안전

치매 환자의 자택 안전 유지는 지속적인 관심사다. AI 기반 스마트 홈 시스템은 일상생활을 눈에 띄지 않게 모니터링하고 이상 징후(예: 침대에서 일어나지 않음, 식사 거르기 등)를 포착하기 위해 개발되고 있다. 동작 감지 센서와 카메라 등의 데이터를 AI가 분석하여 모니터링한다. AI 알고리즘은 활동 부족이나 비정상적인 패턴을 감지하여 가족이나 콜센터에 알림을 보낸다. 일본의 경우, 치매 조기 진단 및 배회 예방을 위한 AI 도구 개발 사례가 있다. 2024년 재팬타임즈(The Japan Times) 보도에 따르면, 일본 기업들은 병원과 협력하여 공공 카메라 영상에서 미묘한 보행 이상을 분석하여 치매 노인을 식별하는 AI 시스템을 개발하고 있다(Ryall, 2024). 후지쯔의 리지라인즈와 국립 의료 센터가 협력하여 개발한 이 AI 시스템은 동작 감지 알고리즘을 사용하여 실시간 영상에서 발을 끌거나 걸음걸이가 고르지 않은 것과 같은 징후를 감지한다. 실종자와 일치하는 사람이 발견되면 위치 추적을 통해 당국에 즉시 신고된다(Ryall, 2024).

미국에서는 가정 내 치매 돌봄을 위한 AI 기반 제품이 출시되고 있다. 예를 들어, 스타트업들은 AI가 노인의 집에서 나오는 오디오와 비디오를 분석하여 응급 상황이나 이상 행동을 감지하고 스마트폰 앱을 통해 가족에게 알리는 24시간 원격 모니터링 서비스를 제공하고 있다. 이러한 시스템 중 하나인 센시(Sensi.AI)는 가상 돌봄 에이전트 역할을 하며 가정의 활동 패턴을 분석하여 건강 문제나 간병 필요성의 징후를 감지할 수 있다(https://www.sensi.ai/). 또한 한국통신과 같은 통신 회사는 수백 가구의 노인(치매 노인 포함)에게 AI 음성 비서 스피커와 동작 감지 등 센서 패키지를 제공하여 원격으로 모니터링하고 돌봄 서비스를 지원했다(Kim, 2023). 스마트 홈 AI 측면에서, 여러 유럽 국가에서는 환경 센서, AI 분석, 그리고 돌봄 제공자를 결합하여 재택 치매 노인을 지원하는 통합 시스템을 시험했다. 예를 들어, 네덜란드와 스칸디나비아 국가에서는 메모리 홈 시스템(memory home system)을 시범적으로 도입했다. 여기에는 스마트 스피커를 통한 AI 기반 캘린더 알림('약 복용 시간'), 방황을 방지하기 위한 문 센서(예상치 못한 시간에 현관문이 열리면 알림 또는 부드러운 음성 안내), 그리고 바닥 진동 센서를 이용한 낙상 감지 알고리즘 등이 포함되었다. '안전한 존재(SafeBeing)'라는 유럽연합(EU) 프로젝트는 영국과 스페인의 가정에 웨어러블 및 주변 센서를 배치하여 AI를 활용하여 개인의 일상을 학습하고 건강 문제를 나타낼 수 있는 이상 징후를 감지하는 연구다. 이러한 예측 치료 시스템은 가족 등 돌봄 제공자의 끊임없는 모니터링과 지치지 않는 조력자 역할을 수행하고자 하는 욕구를 지원할 수 있다.

인지 훈련 및 치료 보조

치매 노인의 인지 자극 및 재활 분야에서도 AI를 활용하기 위한 연구가 진행되고 있다. 여기에는 사용자의 장애 수준에 따라 조정되는 AI 기반 두뇌 훈련 게임, 기억 보조 도구, 알림 등이 포함된다.

예를 들어, AI 기반 애플리케이션은 개인 맞춤형 퀴즈, 추억 요법(익숙한 음악을 재생하거나 가족 사진을 보여주는 것), 또는 사용자가 좌절감 없이 몰입할 수 있도록 난이도를 자동으로 조절하는 퍼즐 게임을 제공할 수 있다. 또한 AI 기반 증강현실이나 대화형 에이전트가 인지 보조 장치 역할을 할 수 있는지 연구하고 있다. 일본에서 진행된 문화적으로 독특한 실험 중 하나는 AI를 활용하여 치매 노인의 개인적 기억과 정체성을 보존하는 것이다. 오리히메(OriHime)라는 프로젝트는 노인이 의식이 명료한 순간에 메시지나 이야기를 기록할 수 있는 소형 의사소통 로봇을 개발했다. 나중에 노인이 기억을 잃거나 불안해지면 로봇이 이러한 메시지를 재생하거나 노인의 말과 성격을 활용하여 소통할 수 있다. 이는 환자의 자아감(정신적 지지)을 강화하고 친숙함을 통해 위안을 제공하는 것을 목표로 했으며 이는 AI가 치매 노인의 존엄성과 개성을 창의적으로 유지하는 데 어떻게 도움을 줄 수 있는지를 보여주는 사례다(Hung et al, 2019).

일본은 간병 분야에서 로봇을 비교적 높은 수용도를 보이는데, 이는 로봇을 친절한 도우미로 여기는 오랜 문화적 배경(애니메이션 등) 때문일 수 있다. 대표적인 예로 일본의 개발 로봇인 파로(PARO) 로봇이 있다. 일본은 국내 수백 개의 시설에 파로를 도입했으며, 파로를 통해 치매의 행동 심리 증상(BPSD, Behavioral Psychological Symptoms of Dementia)이 감소했으며, 특히 의료진의 사기가 향상되었다고 보고했다. 돌봄 제공자들은 파로가 환자와 소통하고 치매 병동의 정서적 분위기를 완화하는 데 도움이 된다고 생각했다(Hung et al., 2019).

사회적 및 정서적 지원(사회적 보조 AI)

치매 노인에게 동반자 관계와 심리 · 사회적 지원을 제공하기 위한 AI 적용이다. 태블릿 기반의 간단한 챗봇 앱부터 인간과 유사한 상호작용을 할 수 있는 정교한 사회적 보조 로봇까지 다양하게 적용될 수 있다. 자연어 처리 및 감정 분석 기능이 가능한 AI 도우미는 돌봄 제공자가 24시간 내내 유지하기 어려울 수 있는 치매 노인과의 일관되고 친화적인 상호작용을 제공함으로써 치매 노인의 외로움과 불안을 줄이는 데 도움이 될 수 있다(Mason et al., 2025).

예를 들어, 치매 노인이 불안하거나 혼란스러워할 때 친근하게 가벼운 대화를 나눌 수 있다. 마치 가상의 친구나 말하는 일기장처럼 말이다. 이는 가족이 없는 상황에서도 감정적인 존재감과 대화를 나눌 수 있도록 해 주기 때문에 양지의 효도에 도움을 줄 수 있다. 또한 음성 기반 비서 기능 AI(AI 스피커 등)와 챗봇은 치매 노인을 위한 직관적이고 기술 활용 장벽이 낮은 음성 인터페이스로서 치매 노인의 활용 접근성을 높일 수 있다.

2024년 미국 오리건주 지역 센터(Pacific Living Centers)에서 기술 스타트업 회사(CloudMind)와 협력하여 진행한 기억력 관리 시범 프로그램에서는 '캐시

(Kathy)'라는 이름의 AI 가상 동반자를 도입했다(Mason et al., 2025). 캐시는 태블릿이나 컴퓨터의 디스플레이를 통해 접속 가능한 AI 페르소나로, 기본적으로 친근한 얼굴과 음성을 가진 챗봇이다. 이 시스템은 고급 자연어 처리 및 감정 AI를 사용하여 알츠하이머병이나 기타 치매 환자와 상호작용한다. 65일 동안의 시범 운영 기간 동안 18명의 70~90세 치매 노인이 캐시와 정기적으로 소통(하루 평균 47.8분)했고 AI는 소통 과정에서 치매 노인의 감정을 감지하고 적절하게 대응하는 능력을 보여 주었다. 치매 노인의 말투와 표정에 대한 실시간 감정 분석을 수행했는데 예를 들어, 치매 노인이 슬프거나 불안해 보이면 캐시는 차분한 어조로 반응하거나, 화제를 즐거운 것으로 바꾸거나, 부정적인 기분이 지속되면 지역 센터의 직원에게 알렸다(Mason et al., 2025). 캐시의 분석에서 거주자의 불안이나 신체적 불편함 증가 징후가 발견되면, 돌봄 제공자는 문제가 악화되기 전에 조기에 개입할 수 있다(예: 거주자의 환경이나 일정 조정). 예를 들어, '캐리'라는 치매 노인은 경미한 치매와 심각한 불안을 겪고 있었는데, 캐시와 매일 짧은 시간 동안 대화(캐리가 좋아하는 주제에 대해 이야기하거나 진정성 대화를 하는 등)를 나누면서, 캐리는 연구 기간 동안

불안 증상이 50% 이상 감소되었다고 한다. 또한 캐시는 캐리의 불안이 증가할 때 조명을 어둡게 하거나 소음을 줄이는 등 환경 조정을 권장하기도 했는데, 이는 캐리의 편안함과 삶의 질을 더욱 향상시켰다. 유럽의 선구적인 프로젝트 중 하나는 치매 노인을 돕기 위한 동반 로봇을 개발한 프로젝트 마리오(MARIO, EU Horizon 2020)였다. 마리오는 터치스크린 화면을 갖춘 바퀴 달린 로봇으로 말하고, 음악을 연주하고, 온라인 서비스에 접속할 수 있다. 아일랜드, 이탈리아, 영국에서 진행된 현장 시험에서 마리오 로봇은 가정과 요양 시설에 배치되었다. 결과는 이러한 동반 로봇이 치매 환자의 외로움과 사회적 고립을 완화할 수 있었다(Deusdad, 2024). 참가자들은 로봇을 친구처럼 대하며, 하루 일과를 이야기하고, 인지 게임을 하거나, 로봇의 안내대로 운동을 하기도 했다. 돌봄 제공자들은 평소 반응하지 않던 일부 환자들이 마리오가 곁에 있을 때 더 적극적으로 참여했으며, 마리오가 주의를 분산시키거나 편안함을 제공함으로써 부정적인 행동을 바꿀 수 있다고 언급했다. 잘 설계된 소셜 로봇이나 AI 에이전트는 치매 환자의 사회적 욕구를 충족시키고, 외로움을 줄이며, 지속적인 동반자 관계를 제공함으로써 불안감을 진정시킬 수도 있다. 반면에 부실하게 설계된 인터페이스를 가질 경우 특정 치매 노인에게 불안을 유발하거나 혼란을 줄 수도 있다(LeadingAge, 2024).

돌봄 제공자 지원 및 케어 관리

AI는 치매 노인을 지원하는 가족 및 전문가를 포함한 돌봄 제공자를 지원하는 데에도 적용된다.

예를 들어, 국내에 보급된 효돌이가 가족 돌봄 제공자에게도 이점을 제공한다는 것이다. 강원대학교병원의 임상 연구에 따르면, 효돌 로봇이 도입되었을 때 치매 환자의 주 돌봄자(대개 성인 자녀)의 부담이 크게 줄었다고 한다(Kim, 2023).

또한 AI 기반 분석 플랫폼은 웨어러블 기기, 스마트 홈 센서, 전자 건강 기록의 데이터를 통합하여 가족 등 돌봄 제공자에게 실행 가능한 통찰력(예: 환자의 불안 유발 요인 파악 또는 건강 악화 예측)을 제공할 수 있다. 센서가 노인이 밤에 자주 서성거리는 것을 감지하면 시스템은 진정을 위한 개입을 유도할 수 있다. AI 기반 스케줄링 도구는 휴식 케어 조정을 돕고, 예측 모델은 간병인의 스트레스를 평가하고 자원을 추천하는 데 도움을 줄 수 있다. 이러한 애플리케이션은 본질적으로 돌봄 단위(치매 부모+가족)를 지원 대상으로 간주한다. 이러한 추세는 치매 노인만큼 가족 등 간병인도 자신의 웰빙과 애정 어린 돌봄을 제공하기 위해서는 많은 지원이 필요하다는 것을 보여 준다.

전반적으로 AI가 치매 돌봄에 활용되고 있다. 특히 스위스 연구진이 2024년에 실시한 고찰 연구에서는 디지털 기술이 치매 치료 및 삶의 질 향상에 기여하는 9가지 영역을 확인했다. 자율성 유지, 노인의 의미 있는 활동 참여 유도, 사회적 상호작용 촉진, 건강 모니터링, 일상생활 활동(ADL) 지원, 인지 지원, 존엄성 유지, 행동 및 심리 증상 관리, 안전 확보가 그 영역이다(LeadingAge, 2024). 이러한 영역들은 치매 돌봄의 핵심 목표이며, 특히 부모를 위한 물질적 지원(건강, 일상생활 활동, 안전)과 정서적 지원(참여, 사회적 연결, 존엄성) 모두에 부합한다.

또한 미국 국립노화연구소(NIA, National Institute on Aging)는 치매 환자를 위한 지능형 식사 보조, 회상 치료를 위한 소셜 로봇, 돌봄 제공자 지원 계획을 최적화하는 데 도움이 되는 AI 등 기술을 시범적으로 개발하기 위해 연구를 지원하고 있다(Melchionna, 2023; PennNursing, 2025).

미래 전망

앞으로 AI는 치매 노인의 물질적 필요와 정서적 웰빙을 지원하는 데 더욱 중요한 역할을 할 것으로 예상되지만, 성공 여부는 효도와 존엄성과 같은 핵심적인 인간 가치와 기술을 조화시키는 데 달려 있다.

개인화 측면에서 AI는 딥러닝을 활용하여 각 노인의 일상, 선호도, 성격을 더욱 효과적으로 모델링할 것이다. 즉, AI 도우미는 대화와 활동을 상황에 맞게 맞춤 설정하는 것이다. 예를 들어, 부모가 특정 1970년대 노래를 좋아한다는 것을 인지하고, 슬픔을 느낄 때 적극적으로 그 노래를 재생하거나, 가족의 이름을 기억하고 그에 대해 질문하여 기억을 자극할 수 있다. 음성, 시각, 촉각 등 다중 모드 감지를 통해 AI 도우미는 부모의 감정 및 신체 상태를 더욱 깊이 있게 이해할 수 있게 될 것이다. 돌봄 제공자, 노부모 등과의 보다 자연스러운 상호작용을 위해 치매 치료 도구 내에서 대규모 언어 모델(LLM, Large Language Model)을 사용할 것이다. 대규모 언어 모델은 상호작용을 훨씬 더 자연스럽게 만들고 다양한 주제를 처리할 수 있어 부모의 참여도와 이해도를 높여 줄 수 있을 것이다.

결론적으로, 치매 돌봄에서 AI의 역할은 앞의 연구 동향에서 언급된 방식으로 확대될 것이며, 연로한 부모에 대해 우리의 의무를 이행하는 방식에 변화를 일으킬 가능성이 있다.

참고문헌

Alzheimer's Disease International(n.d.). Dementia statistics. https://www.alzint.org/about/dementia-facts-figures/dementia-statistics/#:~:text=Someone%20in%20the%20world%20develops,Asian%20and%20western%20Pacific%20neighbours

Deusdad, B.(2024). Ethical implications in using robots among older adults living with dementia. *Frontiers in psychiatry, 15*, 1436273.

Hung, L. et al.(2019). The benefits of and barriers to using a social robot PARO in care settings: a scoping review. *BMC Geriatric, 19*, 232.

Kang, B. O. & Chong K.(2024.11.4). ETRI, successful development of an AI-based dementia prediction technology. AAAS and EurekAlert!. https://www.eurekalert.org/news-releases/1063446#:~:text=Researchers%20in%20South%20Korea%20have,mild%20cognitive%20impairment%20and%20dementia

Kim, J.(2023.9.21). [INTERVIEW] Elderly people soothe loneliness with AI companion robots. AJU Press. https://www.ajupress.com/view/20230921141753588#:~:text=Demands%20for%20AI%20companion%20robots,2021%20from%202%2C412%20in%202017

LeadingAge(2024.2.15). Assistive Tech Benefits People with Dementia: Study. https://leadingage.org/assistive-tech-benefits-people-with-dementia-study/#:~:text=The%20authors%20also%20suggested%20research,%E2%80%9D

Mason, C. A. et al.(2025.2.18). The promise of AI companions in memory care. Provider Magazine. https://www.providermagazine.com/Articles/Pages/The-Promise-of-AI-Companions-in-Memory-Care.aspx#:~:text=Artificial%20intelligence%20,transformative%20potential%20of%20this%20technology

Melchionna, M.(2023.6.29). AI Center Funds 5 Pilot Projects to Support Aging, Alzheimer's Care. xtelligent Healthtech Analytics. https://www.techtarget.com/healthtechanalytics/news/366590263/AI-Center-Funds-5-Pilot-Projects-to-Support-Aging-Alzheimers-Care#:~:text=Care%20www,received%20%24250000%20each%20from%20MassAITC

PennNursing(2025.3.6). PennAITech Awards $2.3 Million for AI Research to Support Aging. University of Pennsylvania. https://www.nursing.upenn.edu/live/news/2932-pennaitech-awards-23-million-for-ai-research-to#:~:text=PennAITech%20Awards%20%242,improve%20care%20for%20older

Ray(2024.3.14). South Korea sends 7,000 AI-powered robot dolls to seniors & dementia patients. Easy Cloud Solutions. https://easycloudsolutions.com/2024/03/14/south-korea-sends-7000-ai-powered-robot-dolls-to-seniors-dementia-patients/#:~:text=remind%20users%20to%20take%20th eir,87

Ryall, J.(2024.3.26). In Japan, thousands of dementia patients go missing every year – but AI could soon help find them. South China Morning Post.

WHO(2025.3.31). Dementia. https://www.who.int/news-room/fact-sheets/detail/dementia#:~:text=brain,by%20dementia%2C%20both%20directly%20and

06
AI와 환경 관리

많은 부모들이 낯선 환경인 시설이나 자녀의 거주지에서 여생을 보내기보다 거주해 오던 자택에서 지역 사회와 유대감을 가지고 생활하기를 원한다. 이에 우리나라를 비롯한 여러 국가에서도 거주하는 지역에서 돌봄을 받을 수 있게 하는 정책을 시행하고 있어 부모의 거주 환경 관리는 점점 더 중요해지고 AI를 활용하여 맞춤 지능화 될 필요가 있다.

AI와 민주주의?

환경 관리 돌봄의 개요와 필요성

AI 기반 환경 관리는 물질적 측면, 즉 노부모에게 안전하고 편안한 생활환경을 제공하는 것을 핵심으로 한다.

사회가 고령화되고 더 많은 노인들이 자택에서 독립적으로 생활하는 것을 선호하고 있으며(Aggar et al., 2022) 그에 따라 우리나라를 비롯한 여러 국가에서도 지역 사회 통합 돌봄 등 거주하는 지역에서 돌봄을 받을 수 있게 하는 여러 정책을 시행함에 따라 이러한 환경 관리는 점점 더 중요해지고 있다.

자택에서 생활하는 것은 독립을 통한 삶의 질 향상, 익숙한 집에서의 편안함, 그리고 지역 사회와의 지속적인 연결 등 여러 가지 이점을 제공한다(Aggar et al., 2022). 하지만 노쇠가 진행되기 전부터 살던 환경이 노인들에게 위험을 초래할 수 있다는 문제 요소가 있을 수 있음을 고려할 때 노쇠를 고려한 환경 관리가 필요하다. 시력, 이동성, 또는 기억력 저하로 인해 일상적인 생활환경이 위험 요소로 변할 수 있다. 예를 들어, 야간 조명이 어두우면 낙상으로 이어질 수 있으며, 가스레인지, 선풍기나 히터를 끄는 것을 잊어 화재가 발생할 수 있다. 실제로 연구에 따르면 자동 조명과 같은 간단한 스마트 홈 기능 개선만으로도 낙상 위험을 줄여 노인의 자신감과 안전을 크게 향상시킬 수 있다(Aggar et al., 2022). 마찬가지로, 스마트 안전 센서(예: 가스레인지 경보기, 침대 이탈 감지 센서, 창문 경보기)는 비상 상황(예: 가스레인지를 켜둔 상태, 한밤중에 외출하는 경우)을 즉시 감지하여 가족 등 돌봄 제공자에게 알릴 수 있다(Aggar et al., 2022).

이러한 감지 기술과 AI 기술의 융합은 부모의 생활 패턴 등을 고려한 맞춤 돌봄 환경 관리 구현에서 필요하다. 사고 위험을 사전에 완화하고 부모의 고령화에 따라 더욱 건강하고 안전한 생활환경을 조성하는 것이다. 또한 홀로 사는 부모 문제와 건강 위기가 간과되는 악몽 같은 상황을 해결하는 것도 중요하다. 이러한 최악의 현상은 안타깝게도 고독사라고 불린다. AI 기반 환경 모니터링이 이러한 상황을 방지하는 데 도움을 줄 수 있다. AI는 부모의 환경을 24시간 내내 효과적으로 모니터링할 수 있다. 이는 자녀 등 돌봄 제공자가 지속적으로 살펴 볼 수 없는 상황을 보완해 줄 수 있는 것이다. 또한 문제 발생 시 소방서 등 주변 사람들에게도 알릴 수 있다. 간단히 말해, AI 기반 환경 관리 시스템(스마트 홈 시스템)은 지칠 줄 모르는 가정의 수호자 역할을 하는 것이다. AI는 편안함을 위해 조명, 온도, 습도, 가전제품을 관리하고,

안전을 위해 이상 징후(욕실 낙상부터 자정에 현관문이 열리는 것까지)를 모니터링한다. 이러한 시스템은 안전, 보안, 그리고 일상적인 편의성이라는 돌봄의 물질적 측면을 처리함으로써 가족 등 돌봄 제공자가 정서적 지원에 더욱 집중할 수 있도록 한다.

AI를 활용한 환경 관리 돌봄 연구 동향과 국내·외 적용 사례

부모 돌봄을 위한 스마트 환경 구축 노력은 기본 센서와 경보 시스템에 국한되는 경우가 많았지만, 최근 AI 발전으로 '스마트 홈'은 지능형 상황 인식 생활공간으로 탈바꿈하고 있다.

예를 들어, AI는 동작 센서, 스마트 카메라(영상으로 동작 유형 감지, 개인 식별 등), 웨어러블 기기의 데이터를 분석하여 부모의 일상(예: 기상, 이동, 화장실 사용 시간 등)을 파악하고, 아침에 움직임이 없거나 냉장고가 열려 있는 등 문제를 나타낼 수 있는 이상 징후를 감지한다. 이러한 상황 인식 이상 징후 감지는 기존 경보 시스템보다 훨씬 정교하여 오경보를 줄이고 진정한 비상 상황을 조기에 포착한다. 우리나라는 노인 돌봄 정책의 일환으로 AI 기반 실시간 모니터링 및 데이터 통합 스마트 홈 플랫폼을 시범 구축했다(Jung, 2025). 이러한 플랫폼은 가정 내 건강 및 안전 지표를 적극적으로 추적하고 낙상, 불규칙적인 행동 또는 응급 상황에 대한 실시간 알림 서비스를 제공한다. 한국형 스마트 홈의 특징은 중앙집중형 기술 구현이다. 지자체에서 관리하는 어르신 스마트 돌봄 서비스에 AI 기술이 적용된 스마트 홈 등을 도입하고 있다. 서울시는 독거노인에게 반려 로봇과 안전관리 기기를 제공하여 '반려 로봇'은 안부 확인, 투약 안내를 하고, 안전관리 기기는 6개 정보(움직임, 온도, 습도, 조도, 이산화탄소, 총휘발성 유기화합물)를 실시간 모니터링해 12시간 이상 움직임이 없는 등 이상 신호 감지시 생활 지원사에게 자동으로 알림을 발송한다. 생활 지원사는 전화 확인 후 필요시 119 연계 등 긴급 조치한다고 한다(서울시청, 2024). 반면 서구에서는 노인 돌봄 환경에 AI를 통합하는 방식이 분산화(민간 중심)되고 사용자 개인 중심적으로 변화하고 있다.

미국 돌봄 모델은 민간 주도로 부상하고 있으며 기존 주택에 스마트 스피커, 스마트 플러그, 동작 감지 센서, 스마트 도어록과 같은 기기를 설치하는 개조 중심적인 경향이 있다. 이러한 접근 방식은 도입 접근성이 높고 맞춤 설정이 가능하여 가족이 자신의 필요와 예산에 맞는 기기와 서비스 조합을 스스로 결정할 수 있다.

스마트 홈(AAL, Ambient Assisted Living) 시범 사업을 시행하고 있는 유럽에서도 유사한 정책이 시행되고 있다. 영국 및 기타 유럽 국가의 프로그램은 AI 기반 주택을 처음부터 완전히 구축하는 대신, 고령자 친화적인 개조(예: 음성 제어 조명, 스마트 난방 시스템, 낙상 감지 센서)를 통해 주택을 개조하는 데 중점을 두는 동시에 노인의 동의와 기술 사용 편의성을 확보하는 데 중점을 두고 있다. 이러한 공동체 중심 모델은 사회적 연결을 중시하고 있다. 한국과 영국의 비교 분석 연구(Jung, 2025)에 따르면 한국은 AI 기반 스마트 홈 구축 분야에서 앞서 있는 반면, 영국은 사회 통합형 설계, 즉 지역 사회 서비스와 통합되고 개인정보 보호와 선택을 존중하는 솔루션을 강조한다고 한다.

또 다른 연구 방향은 편안함과 건강을 위한 자동화된 환경 제어다. AI 시스템은 이제 가정환경을 동적으로 조절할 수 있다. 부모의 건강 요구에 맞춰 온도, 습도 또는 환기를 조절한다. 예를 들어, 혈액 순환이 좋지 않은 부모를 위해 겨울철에 집안을 따뜻하게 유지하거나 호흡기 질환이 있는 부모를 위해 공기질을 개선할 수 있다. 스마트 조명 시스템은 자연광 주기를 모방하여 부모의 생체 리듬과 수면의 질을 향상시킬 수 있다. 또한 많은 스마트 홈 기술은 야간 안전과 편안함을 직접적으로 목표하기도 한다. 예를 들어, 침대 매트리스나 바닥 아래에 설치된 압력 센서는 부모가 새벽 2시에 침대에서 일어나는 것을 감지하여 자동으로 은은한 바닥 조명을 켜 낙상을 예방하는 동시에 도움이 필요한 경우 가족에게 알린다. 이러한 개입은 부모가 어둠 속에서 흔히 발생하는 낙상이라는 위험을 방지할 수 있게 한다. AI는 미리 설정된 시간에 문을 자동으로 잠그거나 가전제품의 전원을 꺼서 사고(예: 치매 노인이 밤에 밖에 나가거나 오븐을 깜빡 잊는 경우)를 예방할 수 있다(Aggar et al., 2022). 또한 AI는 직접적인 모니터링을 넘어 환경 지능화를 통해 화장실 사용 시 안전을 향상시키고 있다. 연구원들은 주변 센서와 심도 카메라를 사용하여 화장실에서 사람의 활동을 감지하도록 AI 모델을 훈련시키고 있다. 예를 들어, 상용 솔루션 중 하나인 스마트핍(SmartPeep)은 요양원 CCTV 영상에 AI 비전 시스템을 사용하여 화장실 입구와 사용 시간을 감시한다(SmartPeep, n.d.). 노인이 비정상적으로 오랫동안 화장실에 있는 경우(낙상이나 도움이 필요한 징후일 수 있음), 스마트핍은 자동으로 돌봄 제공자에게 알림을 보낸다. 이러한 욕실에서의 AI 낙상 감지 및 예방은 많은 낙상 사고가 야간이나 목격되지 않은 상태에서 발생하기 때문에 위험 상황을 해결할 수 있게 한다.

전반적인 추세는 영상 센서, 착용형 센서(웨어러블 센서), 인체 내장 센서, 환경 센서 등 여러 센서 데이터를 결합하여 개인의 신체 상태와 주변 환경 정보까지 분석하여, 최소한의 신체 데이터 등 정보 활용으로 시의적절한 돌봄 개입을 가능하게 하는 통합 스마트 돌봄 시스템으로 전환되고 있다. 사후 대응적인 비상 대응에서 선제적인 예방 및 지원으로 전환하여 AI를 활용하여 사고로 이어지기 전에 위험을 완화하는 것이다.

동시에, 음성 인식 AI 비서가 노인과 스마트 홈 간의 사용자 친화적인 인터페이스로 도입되고 있다. 아마존의 알렉사나 구글 어시스턴트와 같은 AI는 노인의 음성 명령(조명 제어, 전화 걸기, 정보 검색 등)에 응답할 뿐만 아니라, 알림 및 모니터링을 지원한다. 대표적인 사례로 2021년에 출시된 아마존의 알렉사 투게더(Alexa Together) 구독 서비스가 있다. 월 20달러 정도의 비용으로 가족 등이 알렉사 투게더를 사용하여 노부모의 일상 활동을 원격으로 모니터링하고 알림을 받을 수 있으며, 이 모든 것은 부모의 동의하에 진행한다. 또한 긴급 대응 기능을 제공한다. 부모가 "알렉사, 도와주세요"라고 외치면 알렉사가 24시간 긴급 대응 센터로 연결하여 긴급 서비스를 파견하거나 지정된 가족에게 연락한다(Tuohy, 2022). 이 핸즈프리 긴급 통화 기능은 부모가 전화를 걸 필요 없이 음성만으로 통화할 수 있기 때문에 중요한 기능이다.

국립재활원에 상기 기술한 제품 등을 다양한 크기의 주거 모델에 설치한 스마트 홈이 구축되어 있어서 스마트 홈 기술의 적용을 체험해 볼 수 있다(국립재활원, 2021). 일본 도쿄의 신토미 요양원(Shin-tomi Nursing Home)은 케어 로봇과 AI 도입의 선구자로 자주 거론된다. 신토미 요양원은 낙상이나 이상 행동을 지속적으로 모니터링하는 AI 기반 모니터링 시스템, 입소자의 움직임과 생체 신호를 추적하는 스마트 센서 네트워크, 휠체어로 변형 가능한 로봇 침대, 심지어 자동 목욕 시스템까지 활용한다(Sarfraz, 2024). 반복적인 일이 스마트 시스템으로 이전되면서 직원들은 직접 돌봄에 20% 더 많은 시간을 할애할 수 있었다(Sarfraz, 2024).

미래 전망

앞으로 AI 기반 환경 관리는 더욱 발전하고 보편화되며 개인의 필요에 맞춰 정교하게 조정될 것이다.

끊임없이 증가하는 센서를 탑재한 지능형 주택(일부에서는 벽, 바닥, 가전제품에 1000개의 센서가 내장된 주택)이 거주자의 건강과 습관을 실시간으로 디지털로 보여 준다. 이러한 센서는 강력한 AI와 결합되어 부모의 요구를 거의 말하기 전에 예측하고 충족시켜 줄 수 있다. 즉, 사람이 환경에 적응하기를 기대하는 것이 아니라, 개인에게 맞춰 적응하는 진정한 스마트 환경이 될 것이다. 예를 들어, 미래의 AI는 건강 악화의 미묘한 징후(예: 센서가 감지하는 보행 속도 저하나 미세한 호흡 불규칙)를 감지하여 위기가 발생하기 전에 자동으로 병원 진료를 예약하거나 가족에게 알림을 보낼 수 있다. 야간 돌봄이 완전히 자동화될 수도 있다. AI와 연계된 카메라와 센서 네트워크가 밤새 노인을 모니터링하고, 문제 발생 시 로봇을 배치하거나 도움을 요청할 수 있는 AI 야간 근무 도우미가 구현된다(Sarfraz, 2024).

미래의 스마트 홈은 의료 서비스 제공자와 연결되어 환경 및 건강 데이터를 공유하고(적절한 개인정보 보호 조치 포함), 의사는 부모의 생활환경과 치료 계획 준수 여부를 원격으로 파악할 수 있다. AI는 "이번 주 이 모 어르신의 일일 걸음 수가 30% 감소했고 침실 온도가 27도를 넘는 경우가 많아 탈수 위험이 있습니다"와 같은 예비 분석을 수행할 수도 있다. 이러한 예측적이고 전체적인 감독 기능 구현으로 예방 돌봄에 도움이 될 것이다. 더욱이 감정 인식 AI의 발전은 미래의 스마트 환경이 부모의 감정적 욕구에도 반응할 수 있음을 시사한다. 예를 들어, 부모의 목소리 톤이나 표정을 통해 부모의 우울함을 감지하고, 가족에게 따뜻한 화상 통화를 요청하거나 분위기 개선을 위해 환경(조명, 음악)을 조정할 수 있다 (Sarfraz, 2024).

아울러 경제적으로 스마트 홈 기술의 비용은 장벽이 되어 왔지만, 혁신과 규모 확장을 통해 감소할 가능성이 높다. 효율적인 AI 관리(일부 스마트 홈 연구에 따르면 15～25%의 요금 절감 효과)를 통한 에너지 절감은 시간이 지남에 따라 스마트 홈 도입 비용을 상쇄할 수 있을 것이다(Jung, 2025). 낙상이나 입원을 예방하면 비용을 절감할 수 있으므로, 정부와 보험사 또한 검증된 솔루션에 대한 보조금을 지원할 수 있다. 상호 운용성 표준 또한 중요할 것이다. 심박수 모니터부터 스마트 냉장고까지 다양한 기기가 중앙 AI 시스템과 원활하게 통신할 수 있도록 보장하는 것이다.

참고문헌

국립재활원(2021.1.7). "국립재활원 스마트 홈 이용". https://www.nrc.go.kr/nrc/board/boardView.do?no=17768&menu_cd=01_01&bn=newsView

서울시청(2024.3.8). "'어르신 돌봄도 스마트하게'… 서울시, 로봇·인공지능(AI)으로 어르신 건강·안전지킨다". 서울시청 보도자료. https://www.seoul.go.kr/news/news_report.do#view/407099

Aggar, C. et al.(2023). Smart home technology to support older people's quality of life: A longitudinal pilot study. *International Journal of Older People Nursing, 18*(1), e12489.

Jung, S.(2025). Comparative Review of Smart Housing Strategies for Aging Populations in South Korea and the United Kingdom. *Buildings, 15*(10), 1611.

Sarfraz, A.(2024.12.13). Inside Japan's robot care homes: How automation is revolutionizing elder care. Medium. https://medium.com/@sarfrazahsan50/inside-japans-robot-care-homes-how-automation-is-revolutionizing-elder-care-114e99099f19

SmartPeep(n.d.). AI-based Toilet Entrance Monitoring: Prevent potential falls and incidents in washroom. https://www.smartpeep.ai/toilet-entrance-monitoring

Tuohy, J. P.(2022.11.24). Alexa Together review: keeping tabs on Dad. TheVerge. https://www.theverge.com/23066024/alexa-together-review-elder-care-urgent-response

07
AI와 수면 관리

부모의 불충분하거나 질 낮은 수면은 주간 피로와 인지 기능 저하, 혼란이나 섬망 위험 증가, 낙상 위험 증가, 심지어 심혈관 질환까지 유발할 수 있다. 따라서 숙면을 돕기 위한 수면 모니터링, 감지된 수면 방해 요인 제거, 촉진 요인 활성화 등을 위해 AI 기술이 활용될 수 있다.

AI와 애니메이션?

수면 돌봄의 개요와 필요성

사람들은 나이가 들면서 수면의 질과 양에 상당한 변화를 경험하는 경우가 많다. 연구에 따르면 노인의 최대 50%가 수면 문제를 겪는 반면, 일반 성인의 경우 약 20%에 불과하다(Tatineny et al., 2020).

노화는 수면의 질이 낮고 단편화되는 것과 관련이 있다. 노인들은 밤에 더 자주 깨어나고 깊은 수면 시간이 줄어든다. 멜라토닌 수치 감소와 생체 리듬 약화와 같은 생물학적 변화로 인해 노인들은 숙면을 유지하기가 더 어려워진다. 동시에 많은 노인들은 만성 질환(예: 관절염, 고혈압, 당뇨병)과 우울증과 같은 정신 질환을 겪고 있으며, 이는 수면을 더욱 방해한다. 통증, 야뇨증(잦은 야간 배뇨), 약물 부작용, 불안은 모두 불면증이나 수면 부족으로 이어질 수 있다(Tatineny et al., 2020).

이러한 복합적인 요인으로 인해 불충분하거나 질 낮은 수면은 단순한 불편함을 넘어 노인에게 심각한 건강 문제를 야기하게 된다. 노인의 지속적인 수면 부족은 주간 피로와 인지 기능 저하, 혼란이나 섬망 위험 증가, 낙상 위험 증가, 심지어 심혈관 질환까지 유발할 수 있다(Tatineny et al., 2020).

하지만 기저 질환이 있는 노부모의 수면 관리는 어려

울 수 있다. 약물 보조제(수면제)는 부작용 및 다른 약물과의 상호작용으로 인해 부모에게 적합하지 않거나 위험할 수 있다(Kim et al., 2025). 또한 수면제는 다음 날 졸음을 유발하거나 낙상 위험을 증가시킬 수 있으며, 장기간 사용하면 내성, 의존성, 기억력 저하 등 부작용이 나타날 수 있다. 따라서 노부모의 숙면을 돕기 위한 비약물적 중재와 더 나은 모니터링 방법이 필요하다. 바로 이 부분에서 AI 기술이 중요한 역할을 할 수 있을 것이다.

AI를 활용한 수면 돌봄 연구 동향과 국내·외 적용 사례

주요 연구 동향 중 하나는 센서와 AI 알고리즘을 활용하여 수면을 지속적으로, 그리고 눈에 띄지 않게 추적하는 스마트 수면 모니터링 시스템의 개발이다.

예를 들어, 최신 수면 추적기는 밤새도록 생체 데이터(심박수, 호흡, 움직임)를 기록할 수 있으며, AI 알고리즘은 임상 수면 검사실 장비 수준 또는 그 이상의 정확도로 수면 단계(얕은 수면, 깊은 수면 등)를 자동으로 분류한다(ASLEEP, 2023).

특히 연구자들은 기기를 착용하지 않고도 수면을 모니터링할 수 있는 비접촉식 모니터링 방법을 연구하고 있다. 우리나라 에이슬립(Asleep) 회사의 에이슬립 기술은 AI를 사용하여 스마트폰이나 스마트 마이크를 통해 호흡음을 분석하여 수면 단계를 파악할 수 있다. 이 음향 모니터링 시스템은 동급 스마트워치 기반 수면 추적기보다 렘(REM) 수면과 비렘 수면(Non-REM)을 평균 15% 더 정확하게 감지하는 것으로 나타났다(ASLEEP, 2023). 수면 단계는 각성 단계, 비렘 수면 4단계, 렘 수면 단계로 이루어지며(대한수면의학회, n.d.) 이러한 수면 중 비렘 수면(3, 4단계), 렘 수면 등을 통해 근육 이완, 성장 호르몬 분비 등 신체 회복, 기억 정리, 감정 조절 등 뇌 회복이 이루어지므로 수면 단계를 감지하여 수면이 제대로 이루어지는지 감지하는 게 중요하다.

이와 동시에 AI는 노인의 특정 수면 장애 및 건강 위험을 감지하는 데도 활용되고 있다. AI의 머신러닝 모델은 방대한 수면 및 건강 지표 데이터 세트를 기반으로 학습하여 이상 징후를 파악할 수 있다. 에이슬립 회사는 호흡 소리를 듣고 가정환경에서 실시간으로 수면 무호흡증 발생을 감지하는 AI 시스템을 시연하기도 했다(ASLEEP, 2023). 이러한 기술은 노부모가 수면 중 호흡을 멈추거나 수면의 질이 갑자기 악화될 경우 가족이나 돌봄 제공자, 의료진에게 알림을 보내 조기에 돌봄 중재를 할 수 있게 한다.

마찬가지로 유럽에서는 AI 기반 수면 분석이 건강 악화에 대한 조기 경보 시스템 역할을 할 수 있음을 보여 주었다. 스위스의 한 연구에서는 노인들이 매트리스 아래에 압력 센서((EMFIT QS)가 장착된 침대에서 잠을 잤는데, 이 센서는 야간 움직임과 생체 신호를 지속적으로 기록했다. 지역 사회 거주 노인 6000명 이상의 데이터를 머신러닝으로 분석한 결과, 야간에 뒤척임 증가가 건강 문제를 일으킬 수 있는 강력한 예측 요인인 것으로 나타났다(Schütz et al., 2021). 이는 AI가 수면 모니터링을 통해 건강 상태의 디지털 바이오마커를 식별하여, 경미한 문제가 심각한 입원으로 이어지기 전에 자녀 등 돌봄 제공자에게 부모의 건강을 확인할 수 있도록 미리 알릴 수 있음을 보여 준다(Fullpower-AI, 2025). 이와 유사한 방식 기술로 이스라엘계 미국 기업 얼리센스(EarlySense)도 있다(Obayashi et al., 2020).

또 다른 중요한 연구 동향은 AI를 활용하여 더 나은 수면을 위한 맞춤형 중재를 제공하는 것이다. 인지 행동 수면 치료(CBT-I, Cognitive Behavioral Therapy for Insomnia)는 대표적인 분야 중 하나다. 인지 행동 수면 치료(CBT-I)는 만성 불면증에 대한 효과가 입증된 비약물 치료법으로, 매주 치료 프로그램을 통해 제공해 왔다. 특히 이동이나 교통에 어려움을 겪는 노인들에게 인지 행동 수면 치료의 접근성을 높이기 위해 '가상 수면 코치' 역할을 하는 AI 기반 앱이 개발되기도 했다. 이 앱은 사용자의 수면 습관, 기분, 일상에 대한 정보를 수집하고, 수면 개선을 위한 맞춤형 행동 전략과 교육을 제공한다. 특히, 영국 국민보건서비스(NHS)에서는 최근 AI 알고리즘을 사용하여 각 사용자에게 인지 행동 수면 치료를 맞춤 설정하는 디지털 불면증 의료 기술(Sleepio)을 도입했다. 2022년 영국의 국립보건임상연구기관(NICE, National Institute for Health and Care Excellence)에서는 슬립피오(Sleepio)가 수면제에 비해 효과적이고 비용 효율적인 대안으로 보기도 했다(Wise, 2022). 슬립피오(Sleepio) 앱은 영국에서 최대 80만 명의 성인 불면증 환자에게 도움을 줄 수 있을 것으로 추산되며, 수면제 의존도를 줄일 수 있을 것으로 예측되었다(SleepHealth, 2022). 또한 경제성 분석 결과 슬립피오 사용자들은 병원 방문 횟수와 처방건수를 줄여 1년 이내에도 의료비를 절감할 수 있는 것으로 나타났다(SleepHealth, 2022).

미국에서도 만성 불면증 치료 소프트웨어로 페어테라퓨틱스(Pear Therapeutics)에서 개발한 솜리스트

(Somryst)가 식품의약국(FDA)으로부터 2020년에 디지털 치료제로 최초로 승인받았다(Kim et al., 2024). 미국의 의사들은 불면증으로 어려움을 겪는 환자(노인 포함)에게 솜리스트를 처방할 수 있다. 이 앱은 AI를 활용하여 9주 동안 인지 행동 수면 치료(CBT-I) 프로그램을 개인화하고 환자의 의견과 진행 상황에 따라 조정한다. 참고로, 솜리스트의 페어테라퓨틱스는 파산 후 수면 돌봄 전문 기업인 녹스헬스(Nox Health)에 인수되었고 솜리스트는 녹스헬스사의 슬립차지(SleepCharge) 프로그램에 통합되었다(이강복, 2025).

미국과 유럽의 민간 부문 또한 노인에게 특히 유용한 스마트 수면 환경 마련에 노력해 왔다. 예를 들어, 스마트 침대와 매트리스 센서다. 슬립 넘버(Sleep Number Corporation)와 템퍼페딕(Tempur-Pedic)과 같은 회사들은 다양한 센서와 AI 기반 기능을 갖춘 침대를 출시했다. 템퍼페딕의 템퍼-에르고 스마트 베이스(TEMPUR-Ergo Smart Base)와 슬립 넘버의 360 스마트 침대 라인은 사용자의 움직임, 심박수, 호흡을 지속적으로 감지하고 내장된 AI는 사용자의 패턴을 학습하고 매트리스의 자세, 단단함 등을 실시간으로 조절하여 편안함과 압력 완화를 극대화한다(Fullpower-AI, 2025). 불편함이나 통증으로 인해 잠에서 깨는 횟수를 줄이고, 침대에 오래 누워 있을 경우 욕창을 예방하기 위해 사전 압력 조절 기능을 제공하기도 한다. 이러한 스마트 침대는 일반적으로 스마트폰 앱과 연결되어 매일 아침 수면 보고서를 제공하기도 한다. 수면의 질을 간략하게 알려주고, 다음 날 밤 숙면을 취할 수 있도록 AI가 생성한 팁(예: 더 이른 취침 시간이나 더 시원한 방 온도 제안)까지 제공한다.

또한 AI는 노인의 주변 환경과 습관을 개선하는 데 활용될 수 있다. AI 기술이 통합된 스마트 홈 기술은 조명, 온도, 소음 수준을 조절하여 더 나은 수면을 유도한다. 예를 들어, AI 기반 스마트 조명 시스템은 노인 가정의 조명 색상과 강도를 조절하여 자연스러운 일주기 리듬(24시간 주기로 반복되는 생체 리듬)을 강화할 수 있다. 아침에는 파란색 계열의 조명을 밝게 하고 저녁에는 따뜻한 계열의 조명으로 어둡게 한다. 이는 수면 장애를 줄이고 요양원 거주자의 수면 효율을 향상시키는 것으로 나타났다(Lan et al., 2023). AI 알고리즘은 개인이 선호하는 설정을 학습하여 편안한 취침 환경을 자동으로 조성할 수 있다(온도 조절기로 실내 온도 낮추기, TV 끄기, 편안한 음악 재생 등).

한편, 임상 수면 의학 분야에서 AI는 진단 속도를 높이고 있다. AI가 야간 수면 다원 검사 기록을 보다 빠르게 분석하여 수면 단계와 수면 무호흡증이나 사지 움직임과 같은 사건을 높은 정확도로 식별하고 있다(Fox & Nadkarni, 2025). 이를 통해 고령 환자의 수면 무호흡증이나 렘 수면 행동 장애와 같은 질환의 진단 속도를 높여 더 빠른 치료가 가능하게 한다.

미래 전망

앞으로 노부모 돌봄을 위한 수면 관리에 AI를 접목하는 추세가 더욱 심화되어 더욱 혁신적이고 총체적인 솔루션이 제공될 것으로 예상된다.

핵심 전망 중 하나는 수면 관리의 개인화다. 미래의 AI 시스템은 야간 수면 패턴, 일일 활동량, 의료 기록, 심지어 유전 정보까지 다양한 출처의 데이터를 통합하여 부모의 생활 패턴, 건강 상태 등을 종합적으로 파악하고 그에 따라 관리 권고를 조정할 수 있을 것이다. 예를 들어, AI 건강 도우미는 부모의 수면 질과 식단, 운동, 또는 약물 복용 일정을 자동으로 연관시켜 개인 맞춤형 조정을 제안할 수 있다. 즉, 숙면을 위해 저녁 산책을 권장하거나, 늦은 시간에 복용한 이뇨제가 과도한 야간 각성을 유발하는지 감지하는 것이 가능하다. AI 스피커를 통해 취침 시간에 부모와 대화하고, 이완 기법을 안내하고, 밤에 부모의 마음을 무겁게 하는 걱정에 귀 기울이고, 심지어는 마음을 달래주는 이야기까지 들려줄 수 있다. 마치 자녀 등 가족이 곁에 있는 것처럼 편안함을 제공할 수 있다.

또 다른 가능성 있는 발전은 수면 관리가 더 광범위한 스마트 홈 및 헬스 케어 생태계에 원활하게 통합되는 것이다. 미래에는 부모의 집 전체가 밤에 조용한 자녀 역할을 할 수 있을 것이다. AI는 기기들을 조율할 수 있는데, 온도 조절기로 침실을 최적의 온도로 맞추고, 조명을 점차 어두워지게 하며, 스마트 침대는 압력점을 완화하도록 조절하고, 불안을 감지하면 배경 소음 기기나 음악을 재생한다. 부모가 깨어나 침대에서 나오면 바닥 조명이 자동으로 화장실로 가는 안전한 길을 비추고, 부모가 너무 오랫동안 침대에서 나오지 않았거나(낙상 가능성) 돌아오지 않을 경우 자녀 등 돌봄 제공자에게 휴대 전화로 알림을 보낼 수 있다. 이미 유럽에서는 센서와 AI를 통합하여 노인이 독립적이고 안전하게 생활할 수 있도록 지원하는 스마트 홈(AAL, Ambient Assisted Living, 다양하게 국내에 번역되고 있으나 저자는 집에서 여생을 보낼 수 있게 스마트하게 돌보는 기술 관점에서 스마트 홈으로 번역함) 기술이 개발되고 있다. 이러한 기술이 발전함에 따라 AI는 가족의 부모에 대한 실질적인 걱정을 줄이는 데 역할을 할 수 있다. 부모가 모니터링되고 밤새 편안한 상태를 유지할 수 있다는 확신을 자녀들이 가질 수 있게 되어 노부모와 성인 자녀 모두의 불안감을 줄일 수 있을 것이다.

수면 장애를 실시간으로 감지하고 대응할 수 있는 새로운 AI 도구가 등장할 것이다. 보청기 형태의 기기에 AI 알고리즘이 내장되어 있다고 한다면, 이 기기는 코골이나 무호흡증의 발생을 감지하고, 경미한 근육 반응을 자동으로 자극하거나 머리 위치를 변경하도록 코칭하여 증상을 완화할 수 있도록 도울 수 있을 것이다. 또는 AI 기반 뉴로피드백이나 뇌 자극을 고려해 볼 수 있다. 특정 수면 단계에서 부드러운 청각 신호나 전기 자극을 전달하여 기억력 강화 또는 숙면을 향상시킬 수 있다. AI는 이러한 개입의 시기를 완벽하게 맞추고 각 사용자의 뇌 패턴에 맞춰 개인화하는 데 중요한 역할을 할 것이다.

참고문헌

대한수면의학회(n.d.). "수면의학정보". https://www.sleep.or.kr/html/?pmode=sleep

이강복(2025.5.2). "디지털 헬스의 새로운 도전: 수익화 모델의 대전환". 팜뉴스.

https://www.pharmnews.com/news/articleView.html?idxno=259980

ASLEEP(2023.6.9). ASLEEP to showcase AI-based sleep monitoring technology in Viva Technology 2023 in Paris. Business Wire.
https://www.businesswire.com/news/home/20230609005011/en/ASLEEP-to-Showcase-AI-based-Sleep-Monitoring-Technology-in-Viva-Technology-2023-in-Paris

Fox, B. & Nadkarni, G. N.(2025.3.17). New AI Model Analyzes Full Night of Sleep With High Accuracy in Largest Study of Its Kind. MountSinai.
https://www.mountsinai.org/about/newsroom/2025/new-ai-model-analyzes-full-night-of-sleep-with-high-accuracy-in-largest-study-of-its-kind#:~:text=New%20AI%20Model%20Analyzes%20Full,respiratory%20data%20to%20generate%20summaries

Fullpower-AI(2025.2.14). Transforming senior care with AI and sleep science. Fullpower Technologies White Paper.
https://sleeptracker.com/news/2025/transforming-senior-care-with-ai-and-sleep-science#:~:text=3.%20AI,wide%20efficiencies

Kim, D. J. et al.(2024). Present and Future of AI-IoT-Based Healthcare Services for Senior Citizens in Local Communities: A Review of a South Korean Government Digital Healthcare Initiatives. *Healthcare, 12*(2), 281.

Lan, C.-H. et al.(2023). Smart humancentric lighting system improves sleep efficiency of nursing home residents. *Archives of Gerontology and Geriatrics, 115*, 105112.

Obayashi, K. et al.(2020). Can connected technologies improve sleep quality and safety of older adults and care-givers? An evaluation study of sleep monitors and communicative robots at a residential care home in Japan. *Technology in Society, 62*, 101318.

Schütz, N. et al.(2021). Contactless Sleep Monitoring for Early Detection of Health Deteriorations in Community-Dwelling Older Adults: Exploratory Study. *JMIR Mhealth Uhealth, 9*(6), e24666.

SleepHealth(2022.5.21). UK's National Institute For Health and Care Experience (NICE) Recommends App As An Effective Alternative To Sleeping Pills. WSCN. https://www.sleephealth.org/2022/05/21/uk-national-institute-for-health-and-care-experience-nice-is-recommending-an-app-as-an-effective-alternative-to-sleeping-pills/#:~:text=The%20Sleepio%20app%20employs%20an,to%20800%2C000%20people%20in%20England

Takenaka, K.(2025.2.28). AI robots may hold key to nursing Japan's ageing population. Reuters. https://www.reuters.com/technology/artificial-intelligence/ai-robots-may-hold-key-nursing-japans-ageing-population-2025-02-28/#:~:text=One%20of%20the%20most%20practical,doing%20the%20rounds%20at%20night

Tatineny, P. et al.(2020). Sleep in the Elderly. *Missouri medicine, 117*(5), pp.490~495.

Wise, J.(2022). Insomnia: NICE recommends digital app as treatment option. *BMJ, 377*, o1268.

08
AI와 신체 증강

노화로 인한 신체 기능 저하를 '보완'하고 '증강'하거나 '대체'하는 데서 피지컬 AI(Physical AI)와 에이전틱 AI(Agentic AI)가 부모의 신체 기능과 삶의 방식을 파악하여 맞춤 지원을 할 것이다. 이 지원을 통해 노인이 단순히 돌봄을 받는 존재가 아니라 여전히 사회에 기여할 수 있는 존재로 인식될 것이다.

AI와 인재 채용?

신체 증강(보완 대체) 돌봄의 개요와 필요성

노화는 필연적으로 신체 기능의 점진적인 저하를 동반한다. 이는 움직임의 둔화, 근력 약화, 균형감 상실, 정보처리 속도 저하, 소화 기능 저하 등 다양한 형태로 나타나며, 궁극적으로 어르신들의 일상생활 활동(ADL, Activities of Daily Living)을 어렵게 만들고 독립성을 위협하며 심리적 위축감을 야기할 수 있다.

이 장에서는 이러한 노화로 인한 신체 기능 저하를 인공지능이 어떻게 실질적으로 '보완'하고, 나아가 '증강'하거나 '대체'하는지에 대해 피지컬 AI(Physical AI)와 에이전틱 AI(Agentic AI)라는 두 가지 핵심 개념을 중심으로 이야기한다.

피지컬 AI는 물리적인 세계에서 직접 상호작용하고 물리적인 작업을 수행하도록 설계된 AI를 의미한다. 이는 로봇 팔, 자율주행 이동 보조 장치, 웨어러블 로봇(외골격), 스마트 의지 · 보조기 등 실제 물리적인 형태로 존재하며, AI 알고리즘을 통해 인체와 환경 데이터를 분석하여 신체 움직임을 보조하거나 개선하는 역할을 한다. 예를 들어, 부모가 걷기 힘들어할 때 물리적으로 지지해 주고 움직임을 도와주는 보행 보조 로봇이나, 식사 중 손떨림이 심한 부모를 위해 음식을 안정적으로 들어

올려 주는 로봇 팔 등이 피지컬 AI의 범주에 속한다.

반면 에이전틱 AI는 자율적으로 의사 결정을 내리고 행동을 계획하며, 목표를 달성하기 위해 능동적으로 정보를 처리하고 물리적 혹은 비물리적 작업을 수행하는 AI를 의미한다. 단순히 명령을 따르는 것을 넘어, 환경을 인지하고 예측하며, 필요에 따라 적절한 피지컬 AI를 작동시키거나 사용자에게 지시를 내리거나 사용자를 대신하여 일을 처리할 수 있다. 에이전틱 AI는 부모의 요구를 모니터링하고 적극적으로 도움을 줄 수 있다(예: 스스로 길을 찾는 스마트 휠체어). 단순히 부모를 물리적으로 도울 뿐만 아니라 일정 수준의 자율성과 상황 인식을 바탕으로 부모를 돕는 지능형 돌봄 제공자 역할을 할 수 있다. 예를 들어, 부모의 보행 데이터를 지속적으로 모니터링하여 낙상 위험을 예측하고, 위험 상황이 감지되면 자동으로 피지컬 AI 기반의 보조 장치를 활성화하거나 자녀 등 돌봄 제공자에게 긴급 알림을 보내는 시스템 등이 에이전틱 AI의 역할이다. 또한 부모의 보행 불편과 인터넷 사용 불편을 감안하여 부모를 대신하여 인터넷으로 필요 물품을 대신 주문할 수 있다.

AI를 활용한 신체 증강(보완 대체) 돌봄 연구 동향과 국내·외 적용 사례

AI 기술은 노인의 신체 기능 증강, 보완 및 재활을 돕는 연구 분야에서도 활발히 연구되고 있다.

이 연구 동향은 피지컬 AI와 에이전틱 AI의 기술적 발전에 크게 의존하며, 센서 기술, 로봇 공학, 컴퓨터 비전, 자연어 처리 등 다양한 분야와의 융합을 통해 이루어지고 있다.

피지컬 AI는 로봇 공학과 인공지능이 결합하여 실제 물리적인 형태로 어르신의 신체 활동을 직접 돕는 분야에서 빠르게 발전하고 있다.

근력 약화나 마비로 인해 보행이 어려운 노인을 위한 보행 보조 외골격 로봇 연구가 이루어지고 있다. 이 외골격 로봇은 AI 알고리즘을 통해 착용자의 의도를 파악하고 최적의 보조력을 제공하여 걷기, 계단 오르기 등 어려운 동작을 가능하게 한다. 예를 들어, 인공지능 기반의 로봇 보조 장치는 사용자의 걸음걸이를 학습하고 피로도를 분석하여, 사용자 맞춤형으로 보조 강도를 조절함으로써 재활 효과를 극대화하거나 일상생활에서의 활동성을 높일 수 있다. AI를 내장함으로써 외골격 로봇은 단순히 반복하는 로봇 다리처럼 작동하는 대신, 사용자의 의도를 예측하고 적절한 순간에 적절한 수준의 도움을 제공할 수 있다. 예를 들어, 일본의 한 연구에서는 근육 신호를 통해 사용자의 움직임 의도를 추측하기 위해 AI와 경량 외골격을 통합했다. 사용자의 근육 활동(EMG)을 감지하는 센서와 머신러닝 알고리즘을 사용하는 엑소수트는 사용자가 의자에서 일어나려고 하는지, 아니면 단순히 자세를 바꾸는 것인지를 구분하여 필요할 때만 보조력을 공급한다. 이러한 의도 예측 기능은 기기를 더욱 자연스럽게 느껴지게 하고 사용자의 움직임을 방해하지 않게 된다. 이는 고령 사용자가 기기를 활용하는 데 중요한 요소다(HiE, 2022). 하버드 대학교 와이스(Wyss) 연구소는 리워크(ReWalk)와 협력하여 뇌졸중 환자와 이동성이 제한된 노인을 위한 소프트 엑소슈트를 개발했다(FCP Live-In Caregiver, 2020). 딱딱한 금속 외골격과 달리, 이 소프트 슈트는 섬유와 케이블을 사용하여 보행을 보조하여 노인에게 더 가볍고 편안함을 제공한다. 완전히 마비되지는 않았지만 근력 약화나 관절염이 있는 노인들을 위해 더 부드러운 웨어러블 보조 장치가 개발되고 있다. 소프트 슈트는 아니지만 리워크 퍼스널(ReWalk Personal 6.0, 강성 프레임 외골격) 로봇은 이미 가정용으로 승인되어 하반신 마비 환자(고령 재향

군인 포함)가 똑바로 서서 걸을 수 있도록 지원한다.

유럽의 엑스오소프트(XoSoft) 프로젝트는 허약한 노인과 뇌졸중 후유증 환자의 보행 및 근육 활동 유지를 돕기 위한 자원 효율적인 소프트 외골격을 개발했다(CORDIS, 2023). 이 프로토타입은 탄성 밴드와 스마트 클러치를 사용하며, AI 알고리즘은 보행 단계를 인식하고 각 단계에서 필요한 만큼의 추진력을 제공한다. 편안함, 가벼운 무게, 그리고 사용자의 근육 활동을 촉진하는 데 중점을 두었는데, 증강이 사용자를 수동적으로 만드는 것이 아니라 지지하고 자극해야 한다는 측면이 고려된 것이다. 또 다른 유럽 사례는 액소슈트(AXO-SUIT) 프로젝트다. 이 프로젝트는 노인이 다양한 작업(물건을 들어 올리거나 보행하는 활동)에 활용할 수 있는 착용 모듈식 외골격 로봇을 개발했다(AAL Association, 2020). 이러한 프로젝트는 산업계, 학계, 노인 요양 기관이 포함된 컨소시엄을 통해 보조 기술을 활용하여 재가 노인의 생활을 지원하는 것이다.

다른 형태의 이동성 측면에서 AI가 탑재된 스마트 휠체어는 주변 환경을 인식하고 장애물을 회피하며, 사용자의 음성 명령이나 제스처를 통해 원하는 목적지로 자율 주행할 수 있다. 예를 들어, 미시간 대학교 연구진은 최근 라이다(LiDAR), 카메라 등의 센서와 AI 내비게이션 알고리즘을 사용하여 사용자를 지원하는 스마트 휠체어(CoNav)를 개발했다(Fadelli, 2025). 이 휠체어는 AI와의 공유 제어 모드로 작동하는데, 사용자는 조이스틱으로 조종할 수 있지만, AI는 자동으로 장애물을 피하고 경로를 조정하며(최근 출시되는 자동차의 스마트크루즈 기능 등과 유사), 시간이 지남에 따라 사용자가 선호하는 운전 방식을 학습하여 운전을 보조해 준다(Fadelli, 2025). 이 공유 제어 모드는 노인 돌봄 기기에 특히 중요한, 인간 참여형 AI(human-in-the-loop AI)라는 일반적인 연구와 관련이 있다. 예상하지 못한 방식으로 행동하는 완전 자율 로봇 대신, 사용자와 협력하여 사용자의 의도를 AI의 도움과 조화시키는 시스템으로 개발하는 것이다. 이는 사용자의 신뢰와 수용을 유도하며, 특히, 노인이 사용하는 기술 구현에 중요하다.

노인의 물리적인 활동을 돕는 신체 활동 보조 로봇의 연구도 중요하다. AI 기반의 로봇은 어르신이 침대에서 일어나거나, 의자에서 이동하거나, 물건을 잡는 등 물리적인 도움을 제공할 수 있다(Shen et al., 2025). 예를 들어, 로봇 팔은 어르신이 스스로 식사를 하거나 약을 복용하는 데 어려움을 겪을 때 물리적인 보조를 제공하여 식사와 약 복용의 독립성을 유지하도록 도울 수 있다. 이러한 피지컬 AI는 부모 등 노인이 겪는 신체적 제한을 직접적으로 극복할 수 있도록 도울 수 있다.

에이전틱 AI는 노인의 의도를 분석하여 노인의 신체적 안녕과 신체적 활동의 대체 등을 위한 자율적인 판단과 계획을 물리적이거나 비물리적(소프트웨어적인 기능 등)으로 수행한다. 마치 AI 비서가 대신 본인의 의사를 글로 정리해 주거나 대변해 주고 타인의 말을 정리해 주며 필요한 물품을 주문해 주는 것처럼 말이다.

이는 부모의 기술 사용에 대한 진입 장벽을 낮추고, 신체 활동과 건강관리에 보다 능동적으로 참여하도록 한다. 예를 들어, AI 기반 약물 디스펜서는 부모에게 약 복용 시간을 알려줄 뿐만 아니라, 노인의 악력이 약하거나 떨리는 것을 보완하기 위해 정확한 복용량을 직접 분배하고 용기를 열어 준다. 그리고 또 다른 분야는 감각 증강, 특히 청각과 시각을 위한 AI다. 예를 들어, 최신 보청기는 까다로운 환경에서 소리의 선명도를 향상시키기 위해 AI 알고리즘을 통합하고 있다. 보청기 사용자들은 시끄러운 환경(예: 붐비는 식당)에서 대화를 이해하기 어렵다는 불만이 있었다. 이를 해결하기 위해, 최첨단 보청기는 머신러닝을 활용하여 단순히 모든 소리를 증폭하는 것이 아니라, 음성과 배경 소음을 구분하고 자동으로 조정하여 음성을 더 선명하게 하고 잡음 등을 줄여주기 위해 연구되고 있다(Aguilar, 2021). 오티콘(Oticon)과 같은 기업과 위스퍼(Whisper)와 같은 스타트업은 사용자의 소리 환경에 따라 지속적으로 학습하고 적응하는 외부 AI 처리 장치를 탑재한 보청기 시스템을 출시하기도 했다(Aguilar, 2021). 청력 손실이 있는 부모는 이제 AI가 가장 중요한 부분(사람의 목소리)에 맞춰 청각 입력을 동적으로 미세 조정하기 때문에 그룹 대화나 외출 시 훨씬 덜 부담스럽게 참여할 수 있을 것이다.

시각 증강 분야에서 AI는 저시력 노인 또는 시각 장애인을 위한 차세대 보조 기기에도 활용되고 있다. 스마트 안경과 카메라 기반 시스템은 컴퓨터 비전 알고리즘을 사용하여 물체를 인식하고, 텍스트를 읽고, 심지어 얼굴을 식별한 후 오디오 또는 기타 피드백을 통해 사용자에게 정보를 전달한다.

획기적인 연구 분야 중 하나는 언어 장애가 있는 사람들의 말을 회복시켜 주는 뇌-컴퓨터 인터페이스(BCI)다. 2023년 미국 과학자들은 말을 할 수 없는 뇌졸중 생존자의 뇌 신호를 머리 내에 이식한 센서를 통해 해독하고, 이를 디지털 아바타로 변환하여 완전한 문장과 그 사람의 표정까지 표현하는 BCI 시스템을 시연했다. 이는 뇌 신호에서 음성과 얼굴 표정을 직접 합성한 사례로, 분당 최대 80단어의 의사소통 속도를 달성했다(Marks & Kurtzman, 2023). 실험 단계이기는 하지만, 이는 AI가 말 못하는 사람들에게 목소리를 부여할 수 있는 미래의 잠재력을 보여 준다. 인체에 덜 침습적인 측면에서, AI 기반 음성 인식 연구도 이루어지고 있다. 예를 들어, 뇌졸중 등으로 인해 어눌하거나 구어 장애가 있는 노인들은 보이스잇(Voiceitt)과 같은 앱(https://www.voiceitt.com/)을 사용할 수 있다. 보이스잇은 머신러닝을 활용하여 비표준적인 음성 패턴을 해석하고 이를 정상적인 합성 음성이나 텍스트로 변환한다. 이 앱은 환자가 말하려는 내용을 해석, 음성 등으로 변환하여 다른 사람들과 소통할 수 있도록 한다. 보완 대체 의사소통(AAC) 기기에서도 AI를 활용한다. 원하는 단어나 문구를 예측할 수 있는 스마트 텍스트 음성 변환 태블릿부터, 떨리는 목소리로 말해도 명령을 이해하는 음성 비서까지 다양하다. 이러한 모든 트렌드는 AI가 인간의 신체적 능력이 부족한 부분을 채워줄 수 있음을 보여 주는 것이다.

미래 전망

AI 기술, 특히 피지컬 AI와 에이전틱 AI의 발전 속도를 고려할 때, 부모를 포함한 노인들의 신체 기능 증강 및 보완, 대체 관리 분야에서, 노인들이 신체적 제약에서 벗어나 더욱 활동적이고 독립적인 삶을 영위할 수 있도록 돕는 새로운 패러다임이 전개될 것이다.

미래에는 노인 개개인의 고유한 생체 데이터(걸음걸이, 근력, 균형 감각, 심박수, 수면 패턴 등)와 건강 이력을 실시간으로 통합 분석하는 에이전틱 AI 시스템이 핵심이 될 것이다. 이 에이전틱 AI는 분석 결과를 바탕으로 개인에게 최적화된 피지컬 (AI) 보조 장비(예: 맞춤형 외골격, 스마트 의지 · 보조기, 자율 이동 로봇)와 에이전트 프로그램을 제어하고 조율할 것이다.

현재 다소 부피가 크고 무거운 피지컬 AI 장비들은 나노 기술, 새로운 소재 과학, 그리고 에너지 효율적인 AI 칩 개발 덕분에 훨씬 작고 가벼워지며 착용감이 편안해질 것이다. 미래의 로봇 보조 장치나 스마트 의지 · 보조기는 인체에 거의 완벽하게 통합되어 마치 자신의 신체 일부처럼 느껴질 것이다. AI의 감각 처리 능력과 예측 알고리즘이 향상되면서, 노인의 미묘한 의도나 비언어적 신호까지 정확하게 파악하여 보다 자연스럽고 직관적인 인간-로봇 상호작용이 가능해질 것이다.

참고문헌

AAL Association(2020.2.11). Project of the month: AXO-SUIT. AAL Programme. https://www.aal-europe.eu/project-of-the-month-axo-suit/#:~:text=Project%20of%20the%20month%3A%20AXO,exoskeletons%20when%20undertaking%20daily%20activities

Aguilar, M.(2021.3.17). To dampen background noise, hearing aid makers tap AI to amplify the right sounds. STAT. https://www.statnews.com/2021/03/17/to-dampen-background-noise-hearing-aid-makers-tap-ai-to-amplify-the-right-sounds/#:~:text=Since%20digital%20hearing%20aids%20became,noisy%20environments%20clearer%20than%20ever

CORDIS(2023.4.13). Resource-efficient soft exoskeleton for people with walking impediments. European Commission. https://cordis.europa.eu/article/id/125542-resourceefficient-soft-exoskeleton-for-people-with-walking-impediments#:~:text=Frail%20elderly%2C%20incomplete%20spinal%20cord,be%20easy%20to%20wear%2C%20comfortable

Fadelli, I.(2025.2.4). Smart robotic wheelchair offers enhanced autonomy and control. TechXplore. https://techxplore.com/news/2025-02-smart-robotic-wheelchair-autonomy.html

FCP Live-In Caregiver(2020.2.17). Elderly in Japan Are Wearing Exoskeletons to Keep Working Past Retirement Age.

liveinhomecare.com. https://www.liveinhomecare.com/elderly-in-japan-are-wearing-exoskeletons-to-keep-working-past-retirement-age/information/#:~:text=The%20Wyss%20Institute%20for%20Biologically,further%20develop%20the%20softer%20exosuit

HiE(2022.3.25). AI-enabled exoskeleton aids users with mobility impairments. healthcare-in-europe.com. https://healthcare-in-europe.com/en/news/exoskeleton-aids-users-with-mobility-impairments.html#:~:text=users%20even%20when%20the%20actuators,that%20is%20not%20all%20labeled

Marks, R. & Kurtzman L.(2023.8.23). How Artificial Intelligence Gave a Paralyzed Woman Her Voice Back. UCSF. https://www.ucsf.edu/news/2023/08/425986/how-artificial-intelligence-gave-paralyzed-woman-her-voice-back#:~:text=It%20is%20the%20first%20time,her%20current%20communication%20device%20delivers

Shen, J. et al.(2025). Artificial intelligence-powered social robots for promoting physical activity in older adults: A systematic review. *Journal of Sport and Health Science, 14*, 101045.

09
AI와 심리 돌봄

부모는 나이가 들면서 외로움, 사회적 고립, 그리고 우울증에 직면하게 되는데, 이로 인해 정신 건강 문제를 겪을 수 있다. AI 기반 커뮤니케이션 동반자 기능(챗봇, 음성 비서, 소셜 로봇 등)은 언제든 부모와 대화할 수 있어 소통과 심리 돌봄의 공백을 메울 수 있다. 특히 의사소통, 공감, 정신 건강 위험 예측 등 AI 기술의 발달은 부모와 자녀와의 유대감 강화를 기본으로 이루어져야 한다.

AI와 기자?

핵가족화, 1인 가구 증가, 맞벌이 부부의 보편화 등으로 자녀들이 물리적으로 부모와 함께하는 시간이 줄어들면서, 부모들은 심리적 소외감과 외로움을 느끼기 쉬워졌다. 또한 사람들은 나이가 들면서 외로움, 사회적 고립, 그리고 우울증에 직면하게 되는데, 특히 혼자 살거나 가족과 떨어져 사는 경우 더욱 그렇다.

세계보건기구(WHO)에 따르면 서구 국가의 노인 약 20~34%가 외로움을 느낀다고 한다. 만성적인 외로움은 건강에 부정적인 영향을 미치는 것으로 잘 알려져 있으며, 우울증, 인지 기능 저하, 심지어는 하루 15개비의 담배를 피우는 것과 같은 수준으로 사망률을 증가시킨다(Yang et al., 2025). 즉, 이러한 외로움, 고독감은 노년층의 우울증, 불안 장애 등 정신 건강 문제와 밀접하게 연관되어 있으며, 이는 궁극적으로 삶의 질 저하로 이어질 수 있다(송근혜 외, 2020).

이러한 배경에서, AI 기술은 부모의 소통과 심리적 안정을 지원하는 새로운 패러다임을 제시하며, 현대적 의미의 '양지(養志)의 효'를 구현하는 데 핵심적인 역할을 할 잠재력을 가지고 있다. AI 기반 커뮤니케이션 도구(챗봇, 음성 비서, 소셜 로봇 등)는 언제든 부모와 대화할 수 있어 소통의 공백을 메울 수 있다. 이러한 기술은 인간의 애정을 대체하는 것이 아니라, 24시간 연중무휴로 이용 가능하고 개인에게 맞춤화되어 인간의 애정을 보완하는 역할을 한다. AI는 부모의 감정 상태와 관심사를 정확하게 파악하여 공감적인 대화, 추억을 떠올리게 하는 서비스, 그리고 유대감을 제공하는 데 도움을 줄 수 있다. AI는 물리적 거리에 구애받지 않고 언제든 부모의 '말벗'이 되어 주고 정서적 교감을 나눌 수 있으며, 부모의 정신 건강 상태를 미세하게 감지하여 적절한 개입을 돕는 등 기존의 돌봄 방식으로는 어려웠던 부분을 보완할 수 있다(강승애, 2023; 김용진 · 최성은, 2024; 하민회, 2025).

AI는 노년층의 심리적 안정과 사회적 연결성을 강화하고 삶의 만족도를 높이는 데 필수적인 도구가 될 수 있다. 인간이든 AI든 의사소통 돌봄의 전반적인 목표는 부모들이 자신의 의견이 존중받으며, 정서적으로 안정감을 느끼도록 하는 것이다. 이러한 심리적 안정을 유지하는 것은 신체적 욕구 충족만큼이나 중요하며, 진정한 효도는 몸과 마음을 모두 돌보는 것이라는 오랜 전통과 일맥상통한다. AI를 신중하게 활용한다면 노인들에게 지속적으로 대화, 인지 자극, 그리고 위로를 제공함으로써 이러한 심리적, 정신적 지원을 강화할 수 있다.

AI를 활용한 소통(심리) 돌봄 연구 동향과 국내·외 적용 사례

초기 AI 돌봄은 주로 응급 상황 감지나 건강 모니터링 등 물리적 안전에 집중되었으나, 최근에는 언어 처리 능력과 감성 인식 기술의 발달로 심리적 지원과 정서적 교감 등 정신 건강에 대한 연구가 활발히 진행되고 있다.

2000년대와 2010년대의 초기 접근법은 물개 로봇 파로(PARO)와 같은 단순한 동반 로봇과 기본적인 채팅 프로그램을 사용했지만, 최근에는 훨씬 더 정교한 개입이 이루어지고 있다. 양(Yang) 등의 연구진이 2025년에 발표한 체계적 문헌고찰(Yang et al., 2025)에서는 노인 인구의 외로움에 대한 AI 기반 개입을 조사하였다. 사회적 또는 심리적 치료에 AI를 사용한 9건의 실험 연구(무작위 대조 시험 6건 포함)를 고찰하였다. 여기서 가장 일반적으로 활용된 AI 요소는 음성 인식과 감정 인식으로, 시스템이 자연스럽게 대화하고 사용자의 감정을 감지할 수 있도록 하는 것이었다. 중요한 것은 연구의 3분의 2(9건 중 6건)에서 노인 참여자의 외로움이 유의미하게 감소한 것으로 나타났으며, 특히 감정적 참여와 개인화된 상호작용이 가능한 소셜 로봇을 사용한 연구에서 그 효과가 두드러졌다고 한다. 의사소통 관리 분야에서 AI 동반자의 유형은 다양하다. 주요 범주 중 하나는 사회적 보조 로봇이다. 이는 대화하고, '감정(얼굴 표정이나 어조)'을 표현하고, 때로는 간단한 상호작용 활동을 수행하도록 설계된 물리적 로봇 동반자다. 여기에는 반려동물과 같은 로봇[예: 로봇 물개 파로(PARO), 소니의 강아지와 비슷한 아이보(AIBO)]과 휴머노이드 또는 아바타 로봇[예: 소프트뱅크의 페퍼(Pepper) 또는 화면 속 디지털 인간 아바타]이 포함된다. 또 다른 범주는 AI 챗봇과 음성 비서다. 이들은 물리적 형태는 없지만 사용자와 대화하거나 문자를 주고받을 수 있다. 스마트 스피커 기반 에이전트[예: 아마존의 알렉사 또는 SK텔레콤의 누구(NUGU)]와 스마트폰이나 태블릿의 챗봇 앱이 여기에 해당한다. 최신 AI 동반자 유형은 고급 대화형 AI(자연어 처리)와 음성 상호작용을 탑재하는 경우가 많아 '로봇'과 '몸을 가진 챗봇'의 경계가 모호해지고 있다. 그리고 AI 동반자는 노인의 가족, 취미 또는 과거 대화에 대한 세부 사항을 기억함으로써 상호작용을 더욱 의미 있게 만들 수 있다. AI가 시간이 지남에 따라 노인의 일상과 관심사를 학습하고, 더욱 맞춤화된 동반 경험을 제공하는 것이다(Yang et al., 2025).

최신 AI 동반자는 감정 분석 및 감정 인식(음성 톤, 단어 선택 또는 카메라가 있는 경우 얼굴 표정)을 통해 사용자의 감정을 파악하고 적절하게 반응한다. 예를 들어, 사용자가 슬퍼 보일 때 격려의 말을 건네거나 지루함을 감지하면 농담을 한다(Yang et al., 2025). 공감을 시뮬레이션하고 정서적 지원을 제공하는 이러한 능력은 AI 동반자를 단순한 엔터테인먼트 기기와 차별화하는 것이다. 한 최근 연구에서, 정서적 건강을 위해 대화형 챗봇을 이용한 노인들의 경험을 분석했다(Rodríguez-Martínez et al., 2024). 연구 결과, 노인 사용자들은 일반적으로 잘 설계된 챗봇과 대화하는 것을 즐겼다. 예를 들어, '카테(CATe)'라는 가상인간형 대화 에이전트를 테스트했다. 노인들은 카테에 대한 만족도를 5점 만점에 4점으로 전반적으로 긍정적인 평가를 했다. 만족도에 영향을 미치는 주요 요인은 대화의 자연스러움과 에이전트의 공감 능력이었다(Rodríguez-Martínez et al., 2024). 이러한 사용자 피드백은 간단한 인터페이스(큰 텍스트, 명확한 음성), AI의 신뢰롭고 존중하는 행동, 그리고 상호작용에서 지나치게 '로봇처럼' 보이거나 차갑게 보이지 않는 것이 중요하다는 것을 보여주었다(Rodríguez-

Martínez et al., 2024).

또 다른 추세는 AI 동반자를 기존 돌봄 프레임워크에 통합하는 것이다. 예를 들어, AI 시스템은 노인의 고통 징후나 갑작스러운 행동 변화를 감지하면 가족 등 돌봄 제공자에게 알림을 보낼 수 있다. 즉, 웨어러블 디바이스, 스마트 홈 센서 등 다양한 기기에서 수집된 생체 신호, 활동량, 수면 패턴, 감정 상태 등의 데이터를 AI가 통합적으로 분석한다. 이러한 분석은 노년층의 건강 및 심리 상태 변화를 미세하게 감지하여 이상 징후를 조기에 포착하고, 맞춤형 심리 지원을 제공하는 기반이 될 것이다. 일부 노인용 음성 비서 프로그램은 노인의 기분이나 요청 사항에 대한 일일 요약을 가족에게 자동으로 전송한다. 이러한 방식으로 AI는 돌봄 제공자의 신속한 대응을 가능하게 한다. 연구는 또한 AI를 회상 치료 및 인지 자극에 활용하는 방향으로 확장되고 있다. 예를 들어, 사용자에게 옛 사진이나 추억을 들려주고 이야기를 공유하도록 유도하는 챗봇이 있다(정체성 및 가족 관계 강화). 아직 초기 단계이기는 하지만, 이러한 프로그램은 AI를 활용하여 노인의 삶의 이야기를 기록하고 공유함으로써 심리적 웰빙과 세대 간 유대감을 강화시킬 수 있다.

국내에서 보건복지부는 스마트 정신 건강 기술 개발 사업을 통해 AI를 활용한 자살 위험 예측, 지능형 정신 건강 상담, 노인 마음 돌봄 기술, AI 기반 정신 건강 기술 플랫폼 개발 등을 추진하고 있다. 과학기술정보통신부 또한 비접촉식 치매 선별 기술 과제를 진행했으며, 한국전자통신연구원(ETRI)은 웨어러블 디바이스로 수집된 생체 신호와 사회 활동을 AI로 분석하여 정신 질환을 분류하고 예측하는 서비스를 개발했다(송근혜 외, 2020). 이러한 시스템은 긴급 상황 발생 시에도 신속하게 대응할 수 있도록 설계되어 안전과 심리적 안정감을 동시에 제공하는 것을 목표로 한다(김용진, 최성은, 2024). AI가 말이 통하는 동반자로서 어르신들이 속을 털어놓고 위로를 받을 수 있도록 돕는 역할도 주목받고 있으며, 이는 접근성이 낮은 다수에게 저렴한 비용으로 상담 혜택을 제공할 가능성을 열어준다(하민회, 2025).

서울시와 일부 지방자치단체는 취약계층 노인들에게 정기적으로 전화를 걸어주는 전화 기반 AI 서비스를 시범 운영했다. 이 AI는 음성 인식을 활용하여 간단한 대화를 나누고, 노인의 건강과 기분을 확인하며 AI가 노인이 매우 슬프거나 몸이 좋지 않다고 말하는 등 우려스러운 답변을 감지하면, 사회복지사에게 알림을 보내 후속 조치를 취하도록 하였다(Park & Kim, 2022).

음성 인식률 향상과 자연스러운 대화가 가능한 챗봇, 가상 비서의 개발은 부모들이 AI와 보다 쉽게 소통하고 정서적 유대감을 형성하는 데 기여한다. 예를 들어, 인공지능 스피커[예: SK텔레콤의 누구(NUGU) 스피커]는 홀로 사시는 부모의 심리 상담을 지원하거나 경기도의 AI 노인말벗 서비스, 늘편한 AI 케어사업, AI 어르신 든든지키미 사업에 활용되는 등 말벗 역할과 심리적 지지를 제공하는 데 역할을 하고 있다(SK텔레콤 ESG, 2022; 구버, 2024). 이러한 기술은 AI가 단순한 정보 제공을 넘어 감성적인 교류까지 가능하게 하여, 외로움을 경감하고 사회적 고립을 해소하는 데 도움을 준다.

미국의 AI 활용 사례 중 가장 주목할 만한 사례 중 하나는 엘리큐(ElliQ) 로봇의 도입이다. 엘리큐는 인튜션 로보틱스(Intuition Robotics)에서 개발한 AI 기반 소셜 로봇으로, 움직이는 머리와 조명이 달린 작은 탁상용 기기처럼 생겼으며, 말하고, 몸짓을 하고, 화면에 콘텐츠를 표시한다. 2022년부터 2023년까지 뉴욕주 노인국(NYSOFA, New York State Office for the Aging)은 개발자들과 협력하여 800명 이상의 노인을 대상으로 엘리큐를 시범 운영했다(New York State, 2023). 엘리큐 사용자는 평균적으로 외로움이 95% 감소했으며, 웰빙도 향상되었다고 뉴욕주에 의해 보고되었다. 노인들은 하루에 약 30회 엘리큐와 소통하며 대화, 건강 알림, 엔터테인먼트를 즐겼다(New York State, 2023). 노인은 안내된 회상(감정적으로 만족스럽고 인지적으로 자극적일 수 있음)을 즐길 수 있고, 가족들은 소중한 이야기와 업데이트를 받아 물리적으로 멀리 떨어져 있어도 가족 간의 유대감을 강화할 수 있다. 음성 기반 가상 비서는 미국에서도 노인들 사이에서 인기가 높다. 아마존의 에코(Amazon Echo, Alexa)나 구글 홈(Google Home)과 같은 AI 스피커는 노인들이 간단한 의사소통을 위해 점점 더 많이 사용하고 있다. 이러한 기기들은 범용 기기이지만, 일부 노인들은 이를 통해 일상적인 농담, 날씨, 퀴즈 등을 통해 대화를 나누는 등 일종의 생활 루틴을 형성하였다. 한 연구에 따르면, 혼자 살면서 AI 스피커를 사용하는 노인 여성들은 시간이 지남에 따라 고립감을 덜 느끼는 것으로 나타났으며 기기가 존재감을 느끼게 해 주었다고 한다(Mikhail, 2025).

프랑스 기업 블루 프로그 로보틱스(Blue Frog Robotics)에서 개발한 정서교감 로봇인 버디(Buddy, https://www.bluefrogrobotics.com)는 교육, 노인 돌

봄, 헬스케어 등 다양한 분야에서 활용되고 있다. 버디는 동그란 얼굴 모양의 스크린에 다양한 표정을 띄워 감정을 표현하고, 음성 및 제스처 인식 기능으로 사용자와 자연스럽게 소통한다. 사용자의 기분을 파악하고 반응하는 등 인공지능 기반의 상호작용이 가능하다. 노인들의 말동무가 되어 정서적 외로움을 달래주고, 약 복용 시간을 알려주거나 응급 상황 시 보호자에게 알리는 등 돌봄 보조 역할을 수행하고 있다. 독일과 덴마크는 비용 효율성 연구를 수행하여 소셜 로봇이 노인분의 정신 건강을 약간 개선하고 외로움을 줄일 수 있다면, 의료 이용률 감소(의료 방문 감소 또는 인지 기능 저하 지연)로 간접적으로 이어져 기기 비용을 상쇄할 수 있을 것이라고 시사했다(Joranson et al., 2016).

일본에서 러봇(Lovot, https://lovot.life/en/)과 같은 제품은 가족에게 사랑과 애정을 제공한다는 명목으로 마케팅 되는 소형 로봇이다. 이 로봇들은 손주나 반려동물의 역할을 흉내 내어 낄낄거리고, 포옹을 요구하고, 이름을 부르면 반응하도록 프로그래밍 되었다. 이는 로봇들이 만들어 낼 수 있는 정서적 유대감을 보여 주는 사례다. 기능적 관점에서 볼 때, 일본의 이러한 동반 로봇들은 점점 더 AI 기능을 탑재하고 있다. 이 로봇들은 주인의 얼굴과 목소리를 인식하고, 습관을 학습하며, 기본적인 질문에 대답할 수 있다. 또한 온라인 서비스에 연결하여 노인에게 실제 가족에게 전화하도록 알려주거나 화면 인터페이스를 통해 화상 채팅을 할 수 있도록 하는 등 다양한 기능을 제공한다.

미래 전망

미래에는 AI가 부모의 정신적 효, 즉 '양지(養志)의 효'를 구현하는 데서 더욱 정교하고 개인화된 역할을 수행할 것이다.

현재의 AI는 텍스트나 음성 대화를 기반으로 감정을 인식하는 수준이지만, 미래엔 AI가 부모의 표정, 눈빛, 목소리 톤의 미세한 변화뿐만 아니라 심박수, 뇌파 등의 생체 신호까지 분석하여 부모의 감정 상태와 정신 건강을 훨씬 더 정확하게 파악할 수 있게 될 것이다. 이를 통해 AI는 부모의 고유한 성격과 선호도를 학습하여, 기분에 맞춰 대화 주제를 선정하고, 적절한 공감 표현과 위로의 말을 건네며, 필요시 전문가 상담을 권유하는 등 초개인화된 감성적 상호작용을 제공할 것이다. 이른바 '정서적 코치' 또는 '감성 비서'의 역할을 수행하게 되는 것이다. 심지어 사투리로 말하거나 부모의 선호도에 맞춰 AI

동반자의 성격을 조정할 수도 있다.

AI가 부모의 사적인 영역인 소통과 심리 돌봄에 깊이 관여하게 되면서, 개인정보 보호, 데이터 보안, AI의 의사 결정의 투명성, 정서적 의존성 문제 등 다양한 윤리적 과제가 더욱 부각될 것이다(하민회, 2025). 따라서 개발자와 돌봄 제공자는 AI를 노인, AI, 가족이라는 세 가지 돌봄 당사자의 일부로 여겨야 하며, 이 세 가지가 조화롭게 작용하도록 AI를 제공해야 한다.

참고문헌

강승애(2023). "AI 기술을 활용한 커뮤니티케어에 관한 연구". 《융합보안논문지》, 23(5), 151~156쪽.

구버(2024.12.9). "경기도 AI 돌봄의 새로운 지평". https://seo.goover.ai/report/202412/go-public-report-ko-5dca568a-456d-4b3c-887c-a9ceaba619ca-0-0.html

김용진·최성은(2024). "인공지능(AI)을 활용한 장애인 돌봄 서비스의 현재와 과제". 《복지이슈 FOCUS》, 14.

송근혜 외(2020). "정신 건강을 위한 인공지능 활용과 유망 서비스". 《전자통신동향분석》, 35(6). https://www.etri.re.kr/webzine/20210219/sub03.html

SK텔레콤 ESG(2022.9.30). "마음까지 다독이는 'AI돌봄' 심리 상담. 어떻게 어르신의 행복감을 높였나". SK텔레콤 뉴스룸. https://news.sktelecom.com/181792

하민회(2025.5.19). "마음 돌봄, AI에게 맡겨도 될까?". 뉴스핌. https://news.nate.com/view/20250519n04538

Joranson, N. et al.(2016). Group activity with Paro in nursing homes: systematic investigation of behaviors in participants. *International Psychogeriatrics, 28*(8), pp.1345~1354.

Mikhail, A.(2025.5.31). The reality of AI's promise to curb older adults' loneliness. FORTUNEWell. https://fortune.com/well/2025/05/31/ai-promise-older-adults-loneliness/

New York State(2023.8.1). NYSOFA(New York State Office for the Aging)'s Rollout of AI Companion Robot ElliQ Shows 95% Reduction in Loneliness. https://aging.ny.gov/news/nysofas-rollout-ai-companion-robot-elliq-shows-95-reduction-loneliness#:~:text=The%20New%20York%20State%20Office,and%20high%20levels%20of%20engagement

Park, S. & Kim, B.(2022). The impact of everyday AI-based smart speaker use on the well-being of older adults living alone. *Technology in Society, 71*(C).

Rodríguez-Martínez, A. et al.(2024). Qualitative Analysis of Conversational Chatbots to Alleviate Loneliness in Older Adults as a Strategy for Emotional Health. *Healthcare, 12*(1), 62.

Yang, Y. et al.(2025). AI Applications to Reduce Loneliness Among Older Adults: A Systematic Review of Effectiveness and Technologies. *Healthcare, 13*(5), 446.

10
AI와 사회 참여

부모의 사회 참여는 신체 건강 유지 및 증진, 인지 기능 유지 및 향상, 삶의 만족도를 높이고, 우울감을 감소시키는 데 유의미한 영향을 미친다. AI는 건강 데이터, 인지 기능 수준, 정서 상태, 성격 유형, 학습 선호도, 수면 패턴 등에 이르는 부모 정보를 종합적으로 분석하여 맞춤형 활동을 추천하며, 정보 접근성을 높이고 신체적, 심리적 보조, 돌봄 기능을 제공하는 등 다양한 방식으로 부모의 사회 참여를 지원할 수 있다.

AI와 미래 의사?

AI와 사회 참여 돌봄의 개요와 필요성

초고령 사회에서 부모의 사회 참여는 단순히 여가 활동을 넘어 건강하고 행복한 노년 생활을 영위하는 데 필수적인 요소로 자리매김하고 있다. 사회 참여란 개인이 공동체의 일원으로서 다양한 관계망 속에서 상호작용하고, 특정 활동에 능동적으로 참여하는 전반적인 과정을 의미한다.

이는 봉사 활동, 동호회 참여, 학습 활동, 취미 생활, 정치 참여 등 다채로운 형태로 나타날 수 있다. 통계청 자료에 따르면 고령 인구의 사회 참여는 삶의 만족도를 높이고, 우울감을 감소시키는 데 유의미한 영향을 미친다고 한다(김정민, 2025; Bath & Deeg, 2005). 부모의 사회 참여는 정신 건강 증진, 신체 건강 유지 및 증진, 인지 기능 유지 및 향상, 삶의 만족도 및 자아 효능감 증진 등 여러 측면에서 그 중요성을 강조할 수 있다.

그러나 부모의 사회 참여를 효과적으로 지원하는 데에는 여러 가지 어려움이 있다. 신체적 제약, 정보 접근성의 한계, 사회적 관계망의 축소, 심리적 위축 등 때문이다. 이러한 문제들은 개별 어르신마다 그 정도와 형태가 다르기 때문에 맞춤형 지원이 절실하다. AI는 방대한 데이터를 분석하고, 개인의 특성을 파악하여 최적화된 솔루션을 제공하는 데 탁월한 능력을 가지고 있다. 부모의 건강 상태, 취미, 관심사, 과거 경험, 사회적 관계망 등을 종합적으로 분석하여 가장 적합한 사회 참여 기회를 추천하고 연결해 줄 수 있다. AI의 발전은 우리의 일상을 더 편리하게 만들고, 복잡한 문제를 해결하며, 거대한 목표를 달성하는 데 큰 힘이 될 것이다(구글, n.d.).

AI를 활용한 사회 참여 돌봄 연구 동향과 국내·외 적용 사례

최근 연구 동향은 AI가 어르신들의 정보 접근성을 높이고, 맞춤형 활동을 추천하며, 지원을 제공하는 등 다양한 방식으로 사회 참여를 촉진할 수 있음을 보여 준다.

AI를 활용한 사회 참여 연구의 핵심 분야 중 하나는 어르신의 개인적인 특성과 선호도를 기반으로 맞춤형 활동을 추천하고 매칭하는 시스템 개발이다. 머신러닝 알고리즘은 어르신의 과거 활동 이력, 건강 상태, 거주 지역, 사회적 관계망, 심지어 감정 상태까지 분석하여 최적의 취미 활동, 봉사 활동, 학습 프로그램 등을 제안할 수 있다. 이러한 시스템은 어르신들이 스스로에게 맞는 활동을 탐색하는 데 드는 시간과 노력을 절감하고, 불확실성을 줄여 참여율을 높이는 데 기여한다. 예를 들어, 어르신의 건강 데이터와 이동 가능 거리를 고려하여 접근성이 좋은 문화 센터 강좌를 추천하거나, 과거 독서 이력을 바탕으로 새로운 독서 모임을 제안하는 식이다. 이러한 연구는 AI가 부모의 개인적인 특성과 필요를 정확히 파악하여 맞춤형 효도 서비스를 제공하는 방안 모색의 일환이기도 하다.

이 분야에서는 크게 두 가지 유형의 AI 응용 프로그램이 주도적인 역할을 해 왔다. 소셜 로봇(사회적 보조 로봇, 인간의 사회적 참여와 지원을 위해 설계된 물리적 AI 구현체)과 대화형 AI 에이전트(AI 챗봇, 소프트웨어 기반 동반자 및 보조자)다.

유럽연합 지원 프로젝트인 모바일 로봇 버디(Buddy)는 혼자 사는 어르신들을 위해 인지 게임, 알림, 화상 통화 기능을 제공한다(Whiting, 2022).

이 로봇들의 공통점은 감정 AI에 중점을 둔다는 것이다. 자연어 처리 및 감정 인식과 같은 AI 기술을 활용하여 동반자 관계를 구현한다. 실제로 양(Yang) 등의 연구에서 외로움 감소 AI 개입의 약 67%에서 음성 인식이 사용되었으며, 50% 이상에서 감정 인식 또는 표현이 사용되었다(Yang et al., 2025). 소셜 로봇, AI 챗봇 등은 초기에는 단순한 말벗 기능에 그쳤지만, 최근에는 어르신과의 대화를 통해 감정을 인식하고, 적절한 공감과 격려의 메시지를 전달하며, 필요시 외부 사회 활동 참여를 유도하는 방향으로 발전하고 있다. 예를 들어, 어르신이 외로움을 표현할 때 특정 취미 모임을 추천하거나, 과거 관심사를 상기시켜 관련 온라인 커뮤니티에 참여하도록 돕는 식이다. 또한 친한 지인 또는 배우자의 목소리로 대화를 제공할 수도 있다.

다른 사례로, 스페인과 이탈리아의 연구원들은 지라프(Giraff)라는 이름의 원격 존재 로봇을 활용한 '엑사이트(ExCITE)'라는 프로젝트를 진행했다. 지라프(Giraff)는 비디오 화면이 장착된 바퀴 달린 이동 로봇으로, 가족이나 친구들이 어르신의 집을 가상으로 방문할 수 있도록 한다. 자율 AI는 아니지만, 일정 관리 소프트웨어와 연동하여 로봇이 집안을 돌아다니며 어르신이 가족 행사에 원격 참여하거나 정기적인 화상 채팅을 할 수 있는 환경을 조성했다. 실험 결과, 일부 집에만 있어야 하는 어르신들은 지라프를 사용할 때 사회적으로 더 많은 유대감을 느끼는 것으로 나타났다(Foster, 2018).

그리고 후지소프트(Fujisoft)에서 개발한 소셜 로봇 '파르로(PALRO)'는 일본에서 가장 회화 능력이 뛰어나다는 평가를 받고 있으며(오성철, 2020) 노인 요양 시설이나 고령자 커뮤니티 센터에서 널리 활용되고 있고 가정용도 있다(고종관, 2018). 파르로는 어르신들과 대화하고, 체조를 가르치며, 퀴즈나 노래 활동을 진행하여 어르신들의 즐거움을 증진시키고 집단 활동 참여를 유도한다. 로봇이 진행하는 활동은 어르신들 간의 상호작용을 촉진하고, 새로운 친구를 사귈 기회를 제공한다.

가상현실(VR), 증강현실(AR), AI 에이전트 기술은 어르신들이 신체적 제약 없이 다양한 사회 참여 활동을 개인 맞춤으로 경험할 수 있도록 돕는 새로운 연구 분야로 주목받고 있다. 가상현실을 통해 해외여행을 가거나, 미술관을 관람하거나, 과거의 추억을 재현하는 등 현실에서는 어려운 경험을 안전하고 몰입감 있게 제공할 수 있다. 더 나아가, AI 주도 사회 참여도 곧 이루어질 것으로 보인다. 연구원들은 AI 진행자가 이끄는 '가상 북클럽'과 여러 어르신이 원격으로 참여하는 그룹 토론 세션을 시범 운영했다(Khalil, 2025). 예를 들어, 메타(Meta) AI의 라마(LLaMA) 모델은 각 참여자의 인지 수준에 맞춰 문학 작품 및 시사에 대한 토론을 진행하는 데 사용되었다. 복잡한 주제를 단순화하거나 필요에 따라 설명을 제공하는 방식으로 진행되었다. 이는 지적 자극을 제공했을 뿐만 아니라 AI를 통해 그룹 내 사회적 상호작용을 촉진

했다.

국내의 서울시 등 여러 지방 자치 단체에서는 AI 기반의 스마트 돌봄 시스템을 구축하여 독거노인 등 취약 계층 어르신들의 사회 참여를 지원하고 있다. 이 시스템은 AI 스피커를 활용하여 어르신들의 안부를 확인하고(스마트 안부 확인 서비스), 위급 상황 발생 시 자동으로 관련 기관에 연락을 취하는 등 긴급 돌봄 기능을 제공한다. 나아가 어르신들에게 최신 뉴스, 날씨 정보, 그리고 지역사회의 다양한 복지 프로그램 및 문화 행사 정보를 음성으로 제공하여 정보 접근성을 높이고 사회 활동 참여를 독려한다. 어르신들이 필요한 정보를 손쉽게 얻을 수 있게 되어 사회 참여의 문턱을 낮추고, 디지털 정보 격차를 해소하는 데 기여할 수 있다. 또한 어르신들이 모여 여가, 학습, 사교 활동을 위해 인터랙티브 기술을 활용할 수 있는 서울시의 '스마트 시니어 센터'와 '스마트 복지 센터'에서 AI 기반 두뇌 훈련 프로그램, 그룹 게임이나 디지털 아트를 위한 대형 터치스크린 테이블, 디지털 드로잉이나 노래방과 같은 활동을 위한 태블릿 기기 등을 마련하여 어르신들이 새로운 도구를 활용한 공동 활동에 참여하도록 유도하고 있다. 네덜란드의 성공적인 방문 간호 모델인 '뷔르트조르흐(Buurtzorg, 이웃 돌봄)'는 간호사가 지역 사회 기반으로 활동하며, 스마트 ICT 솔루션 등을 활용하여 돌봄이 필요한 어르신 및 가족의 니즈를 파악하고 적절한 사회 활동을 연결해 준다. AI는 운영 과정에서 수집된 데이터를 활용하여 돌봄을 개선하고 어르신이 집에서 독립적으로 지낼 수 있도록 지원한다. 어르신의 건강 상태, 사회적 관계망, 지역 사회 자원 등을 분석하여 최적의 봉사 활동, 학습 모임, 혹은 취미 그룹을 제안하고 매칭을 돕는다. 뷔르트조르흐는 어르신들의 자율성과 사회 참여를 강조하며, 이를 통해 요양시설 입소율을 낮추고 재택 생활의 만족도를 높이는 데 기여하고 있다. AI 플랫폼은 간호사들의 업무 효율성을 높이고, 어르신들에게 더 빠르고 정확한 맞춤형 사회 참여 기회를 제공하는 중요한 역할을 한다(노세리 외, 2022; tech, 2025).

대규모 데이터를 기반으로 어르신들의 사회 참여 패턴을 분석하고, 참여를 저해하는 요인을 파악하며, 정책적 개입의 효과를 예측하는 연구도 있다. AI는 복지 사각지대에 놓인 어르신을 발굴하고 이들의 사회 참여를 독려하는 데 기여할 수 있다. 복지 사각지대 발굴 시스템과 같이 AI가 위기 정보를 수집하고 분석하여 고위험 대상자를 예측하는 기술은 이미 활용되고 있다(한국사회보장정보원, 2024). 이러한 데이터 분석을 통해 특정 지역이나 연령대의 어르신들이 필요로 하는 사회 참여 프로그램이 무엇인지 정확히 파악하고, 그에 맞는 자원을 효율적으로 배분하는 데 활용될 수 있다.

미래 전망

AI 기술의 발전 속도는 눈부시며, 앞으로 어르신들의 사회 참여를 위한 AI의 역할은 더욱 확대되고 심화될 것이다. 단순히 정보를 제공하거나 활동을 추천하는 것을 넘어, 개인화된 상호작용과 예측 기반의 지원을 통해 어르신 개개인의 삶을 풍요롭게 하는 데 중점을 둘 것이다(김기태 등, 2024).

미래의 AI는 어르신의 건강 데이터(만성 질환, 신체능력), 인지 기능 수준, 정서 상태(우울감, 외로움 지수), 성격 유형, 학습 선호도, 심지어 수면 패턴에 이르기까지 모든 개인정보를 종합적으로 분석하여, 세상에 단 하나뿐인 맞춤형 사회 참여 돌봄을 제공할 것이다. 즉, AI는 부모가 가장 흥미를 느끼고, 가장 큰 효능감을 느낄 수 있는 활동들을 찾아내고, 심지어 그 활동들을 부모의 컨디션 변화에 맞춰 실시간으로 조정할 것이다. 예를 들어, 부모가 우울감을 느끼는 날에는 정서적 교류를 중시하는 모임을, 신체 활동이 가능한 날에는 가벼운 운동 동호회를 추천하는 식이다.

그리고 물리적 제약을 넘어선 AI 기반의 가상 커뮤니티와 소셜 허브가 더욱 활성화될 것이다. 이는 단순히 영상 통화를 넘어, 가상현실(VR)이나 증강현실(AR) 기술과 결합하여 실제와 같은 몰입감 있는 소셜 경험을 제공할 것이다. 이는 특히 거동이 불편하거나 외출이 어려운 부모에게 새로운 활력을 불어넣을 것이다.

참고문헌

고종관(2018.9.4). "日, 노인에게 귀여움 받던 휴먼로봇 '팔로' 가정용 출시". 뉴스웍스. https://www.newsworks.co.kr/news/articleView.html?idxno=212646

구글(n.d.). "AI와 우리의 미래: 모두 함께 공유하는 AI를 위한 정책적 제언".

김기태 외(2024). "사회보장 행정에서 인공지능 적용 동향과 함의". 한국보건사회연구원 연구보고서, 2024-05.

김정민(2025). "국가통계 분야 인공지능 활용 체계 연구". 국가통계연구원 연구보고서, 2024-15.

노세리 외(2022). "일터혁신 국제비교 연구: 환경변화에 따른 일터혁신의 과제". 한국노동연구원 연구보고서, 2022-08.

오성철(2020.1.19). "[日 서비스 로봇 시장] ② 로봇이 친구도 되고, 반려견도 되는 세상". 오피니언뉴스. https://www.opinionnews.co.kr/news/articleView.html?id

xno=28671
한국사회보장정보원(2024.8.20). “빅데이터AI 활용으로 복지 사각지대 해소에 최선 다하겠다”. https://www.ssis.or.kr/lay1/bbs/S1T1910C1976/B/101/view.do?mode=view&article_seq=126094&cpage=&rows=&condition=&keyword=

Bath, P. A. & Deeg, D.(2005). Social engagement and health outcomes among older people: introduction to a special section. *European journal of ageing, 2*(1), pp.24~30.

Foster, M.(2018.3.28). Ageing Japan: Robots' role in future of elder care. Reuters. https://widerimage.reuters.com/story/ageing-japan-robots-role-in-future-of-elder-care#:~:text=The%20Japanese%20government%20has%20been,380%2C000%20specialised%20workers%20by%202025

Khalil, R. A. et al.(2025). Redefining Elderly Care with Agentic AI: Challenges and Opportunities. arXiv:2507.14912.

tech(2025.5.3). Does your organisation want to have a happier, more self managed, empowered workforce. The “Buurtzorg” model explained. The Scottish Federation of Housing Associations Limited. https://www.techousing.co.uk/news/buurtzorg-model-explained#:~:text=Buurtzorg%20also%20puts%20patient/service%20user%20self%2Dmanagement%20of%20care%20at&text=Artificial%20Intelligence%20(AI)%20and%20Machine%20Learning

Whiting, A.(2022.3.21). Elderly care? Bring in the robots!. Horizon: The EU Research & Innovation Magazine. https://projects.research-and-innovation.ec.europa.eu/en/

horizon-magazine/elderly-care-bring-robots#:~:text=Meet%20Astro%20and%20BUDDY

Yang, Y. et al.(2025). AI Applications to Reduce Loneliness Among Older Adults: A Systematic Review of Effectiveness and Technologies. *Healthcare, 13*(5), 446.

권효순

국립재활원 재활연구소 임상재활연구과장이다. 충남대학교에서 교육학 박사학위를 받았다. 대우정보시스템에서 전산시스템 개발 업무를 수행하였고(1996~2000) 과학기술부 과학관 등에서 과학기술교육 업무를 수행하였다(2000~2013). 2013년부터 보건복지부 국립재활원에서 재활분야 연구 업무를 수행하고 있다. 재활보조기술연구과(재활로봇중개연구, 재활로봇보급사업, 돌봄로봇중개연구), 건강보건연구과(장애인 건강관리사업), 자립생활지원기술연구팀(보조기기연구개발사업)을 거쳐 현재 재활의료기술 개발 및 임상효과 검증 연구를 수행하는 임상재활연구과와 임상재활테스트베드 사업단을 담당하고 있다. 사회복지사(1급), 의료기기규제과학전문가(RA), 행정사이기도 하며 산업통상자원부 기술표준원 및 식품의약품안전처의 보조기술 분야 표준전문위원, 한국보건산업진흥원 의료기기 전문가 자문위원, 한국의료기기안전정보원 혁신의료기기 연구개발 전문위원회 위원으로 활동하고 있다. 주요 저서와 번역서로 《AI와 재활》(2025), 《의료기기 사용적합성 평가의 이해》(2020) 등이 있다. "인지기능이 저하된 뇌병변장애아동을 위한 VR 기반 인지 훈련 프로그램 개발"(2020) 등 100편 이상의 논문을 KCI, SCIE, SCOPUS 등 등재학술지 및 학술대회에 발표했으며 30여 개의 재활 분야 국내·외 특허를 가지고 있다.